Rote Erde,

üppige Tropenvegetation, weitläufige Savannen, karge Hochebenen, riesige Seen und Ozeane – das alles (und noch viel mehr) bietet das Afrika südlich der Sahara. Genauso vielfältig und aufregend wie Natur, Menschen und Kultur sind auch die Kochgewohnheiten und kulinarischen Genüsse des afrikanischen Kontinents. Lassen Sie sich von den reizvollen Rezepten verlocken und zur Kunst des Improvisierens anregen. Viel Spaß und guten Appetit!

Die Farbfotos gestaltete Odette Teubner.

**Die Temperaturstufen
bei Gasherden** variieren
von Hersteller zu Hersteller.
Welche Stufe Ihres Herdes
der jeweils angegebenen
Temperatur entspricht, entneh-
men Sie bitte der Gebrauchs-
anweisung.

Der Kontinent

Afrika besitzt eine gigantische Vielfalt an Klima, Landschaften und Menschen. Genauso unterschiedlich sind Kultur und Kochgewohnheiten. Innerhalb der Länder selbst kann man noch große Unterschiede zwischen Land und Stadt feststellen. Von daher ist die Bezeichnung »typisch afrikanisch« bei der Betrachtung der afrikanischen Eßkultur zu allgemein. Soziologische, technologische und wissenschaftliche Änderungen haben in den letzten Jahrzehnten zusätzliche Wirkungen auf Lebensstil und Ernährungsverhalten gehabt. Trotzdem ist eines überall in Afrika gleich geblieben – die Gastfreundschaft und die Lebensfreude. Zur Gastfreundschaft in Afrika gehört die überwältigende Freude beim Teilen einer Mahlzeit. Die »Fast-food«-Kultur hat da keinen Platz. Man nimmt sich Zeit beim Essen, und jede Mahlzeit ist ein Fest für sich. Früher haben sich ganze Dörfer getroffen, um die Freude des Teilens bei der Ernte oder einer anderen Gelegenheit zu erleben. Trotz allen Desastern der letzten Zeit ist diese tief verwurzelte Tugend erhalten geblieben.

Ernährungsgeschichte

Geht man von Informationen und Berichten über frühere Zeiten aus, dann hat sich die Qualität der Ernährung allgemein über die Jahre nicht verbessert, wie man meinen könnte, sondern leider verschlechtert. Für eine differenzierte Analyse der Ursachen dieser Entwicklung ist hier nicht der Platz. Hervorzuheben ist allerdings die Politik der Kolonialzeit, die den Anbau von Exportpflanzen wie Kaffee, Baumwolle, Kakao und anderen intensiv förderte bei gleichzeitiger Vernachlässigung der Selbst-

Eine typische Wüstenlandschaft, wie man sie in der Namib oder in der Karoo im südafrikanischen Inland antrifft. Aus den Rinden der Koker-Bäume fertigten die Eingeborenen die Köcher für ihre Pfeile.

versorgungsfähigkeit der kolonisierten Länder. Da war eine Katastrophe schon vorprogrammiert: Als eine Dürre kam, gab es keine Vorräte. Die Bevölkerungsexplosion hat zusätzlich dazu geführt, daß viele Menschen, besonders junge Leute, ihre Dörfer verlassen, um »bessere Jobs« in der Stadt zu finden. Das Rückgrat der Landwirtschaft ist dadurch gefährdet, denn leistungsfähige Arbeitskräfte stehen nicht mehr zur Verfügung.

Die Rolle der Frau

Die Frau ist Mittelpunkt der afrikanischen Landwirtschaft. Über 80 Prozent der landwirtschaftlichen Arbeitskraft wird von Frauen gestellt. Die Frauen erledigen praktisch alle Arbeit im Dorf, während ihre Männer versuchen, »draußen« Geld zu verdienen. Es ist unter dieser Perspektive verständlich, daß die erfolgversprechendsten Entwicklungsprojekte in Afrika über die Frauen laufen.

Die afrikanische Küche

Dieses Kochbuch möchte die afrikanische Eßkultur südlich der Sahara darstellen. Es zeigt für die einzelnen Regionen repräsentative Kochmethoden und Gerichte. Weil die Unterschiede zwischen Stadt und Land zum Teil recht groß sind, habe ich versucht, einen Mittelweg zu finden.

Der Zambezi River stürzt in den Victoria Falls 110 m in die Tiefe – ein unvergeßliches Erlebnis.

In Afrika kocht man sehr selten nach Rezept. Die Rezepte, die Sie hier finden, sind als »Konglomerate« von vielen Varianten zu verstehen. Haben Sie ruhig den Mut, selbst Kochexperimente anhand der Rezepte durchzuführen. So bleibt viel Raum für überraschende kulinarische Ergebnisse, und es wird Ihnen sicher Spaß machen. In Afrika kocht man natürlich auch nicht nach Zutatenlisten. Man nimmt, was man zur Hand hat: also »beliebigen« Fisch und »beliebiges« Fleisch. Für Sie zum Nachkochen habe ich genauere Angaben gemacht – aber auch Sie müssen sich nicht daran halten!

Fast alle Zutaten werden Sie problemlos erhalten oder ersetzen können. Ein paar afrikanische Zutaten sind aber nicht zu ersetzen, zum Beispiel Egusisamen, Yams, Maniok oder Kochbananen. Gute Asienläden oder afrikanische Geschäfte führen sie. Wenn Sie ein solches Geschäft nicht in der Nähe haben, kann es sein, daß Sie einige Rezepte nicht nachkochen können. Das täte mir leid – aber die Auswahl in diesem Buch ist ja groß!

Ein kleiner Marktflecken in Kenia in der Übergangszone von Savanne zur Wüste. Das Rotbraun der Erde ist die alles bestimmende Farbe.

Dauer kann man sicherlich viel diskutieren. Daß normalerweise nur natürlich aus dem System anfallendes (also abgestorbenes) Holz verwendet, darf man allerdings nicht vergessen. Allgemein ist inzwischen auch eine Tendenz zu energiesparenden und kostengünstigen Kochgeräten festzustellen. Bis alle Dörfer elektrifiziert sind, wird es aber sicherlich eine Weile dauern. Die Benutzung von Solarenergie ist bis jetzt eine akademische Möglichkeit geblieben. Denn die dazu nötigen Anlagen sind von den Kosten her ein Unding für die Menschen im afrikanischen Dorf. Ein immer höherer Grad der Technisierung ist trotzdem festzustellen: zum Beispiel immer mehr und größere Mühlen und andere lebensmittelverarbeitende Anlagen. Mit ihnen kann ökonomischer und marktgerechter gearbeitet werden.

In der Stadt ist der Grad der Technisierung und Modernisierung noch intensiver. Da ist der Mörser kaum noch zu sehen. Es wird zunehmend im Supermarkt eingekauft. Allerdings pflegen die meisten Stadtbewohner Kontakt mit ihren Verwandten auf dem Land, und viele haben sogar Grundstücke dort. Dadurch können sie einen gewissen Grad von Selbstversorgung aufrechterhalten. Am Wochenende fährt man nach Hause und macht etwas »Gardening«. Mancher Stadtbewohner beschäftigt eine Person oder mehrere auf dem

Kochmethoden/Geräte

Allgemein benutzen die afrikanischen Frauen recht einfache Geräte zum Kochen. Die bekanntesten sind der Mörser und die Mörserkeule aus Holz. Beide sind auch in Zukunft nicht wegzudenken. Das Kochen auf offenem Feuer, zum Beispiel aus Bananenblättern, ist noch immer ein normales Bild in den Dörfern. Über den Einsatz von Holz als Energiequelle in größeren Mengen und auf

Eine Biltong Bar in Kapstadt. Biltong ist getrocknetes Fleisch, zum Beispiel von Straußen oder Antilopen und wird in Südafrika gerne als Snack verzehrt.

Land, und dadurch fließen Mittel von der Stadt zum Land und umgekehrt.

Eßgewohnheiten

Allgemein ißt man zweimal in Afrika – mittags und abends. Gefrühstückt wird, wenn überhaupt, nur sehr leicht. Einen Snack zwischendurch besorgt man sich bei Straßenhändlern und kleinen Bäckereien.
Man ißt vorwiegend frisch Zubereitetes, aus Vorliebe und weil es an Kühlungsmöglichkeiten mangelt.

Gewürze

Allgemein gesagt, würzt man in Afrika stärker als in Europa üblich. Manchmal wird so stark gewürzt, daß andere nur noch »Feuer« auf der Zunge wahrnehmen können. Ich habe die Gewürzmengen in diesem Buch schon reduziert – trotzdem werden sie Ihnen öfter noch ziemlich groß vorkommen. In Afrika würzt man noch mehr! Benutzen Sie die Gewürze so, wie es Ihnen am besten schmeckt und bekommt – auch wenn es dann vielleicht nicht mehr ganz afrikanisch ist ...

Gewürznelken
Die ostafrikanischen Inseln Sansibar und Pamba sind berühmt für den Anbau von Nelken und anderen Gewürzen. Werden die Nelken ganz verwendet, empfiehlt es sich, sie in kleine Mullbeutel zu binden. So lassen sie sich später leichter entfernen.

Pfeffer
Pfeffer ist das wichtigste Gewürz in Afrika. Die Schoten werden oft frisch direkt aus dem Garten genommen und in größeren Mengen verwendet als in Europa üblich.

Knoblauch
Knoblauch wird überall angebaut und viel verwendet. Ihm wird eine heilende Wirkung zugesprochen.

Ingwer
Es wird empfohlen, nur so viel frischen Ingwer zu kaufen, wie Sie in wenigen Wochen verbrauchen. Ingwer muß geschält werden, um an die Schichten zu gelangen, die die aromatischen Öle enthalten. In manchen Teilen Afrikas verwendet man Ingwer auch als Zusatz in Tee und anderen Getränken.

Zimt
Zimt wird in pikanten und in süßen Gerichten verwendet.

Kreuzkümmel
Kreuzkümmelsamen werden entweder ganz oder gemahlen in Suppen, Eintöpfe, Currys und in Fleisch- und Fischgerichten verwendet.

Koriander
Vom Koriander werden die Blätter und die Samen (ganz oder gemahlen) verwendet.

Kurkuma
Kurkuma wird oft anstatt des relativ teuren Safran verwendet. Außerdem ist er wichtiger Bestandteil des Curry.

Currygewürze
Im südlichen Afrika wird das Currypulver stets frisch gemischt. Fertige Mischungen müssen kühl und trocken gelagert und schnell verbraucht werden.
Ich gebe Ihnen hier zwei Grundrezepte für je 100 g Currymischung, die Sie in allen Rezepten, wo Currypulver angegeben ist, verwenden können. Sie mischen entweder die einzelnen Pulver, oder Sie mahlen alle Körner zusammen in der Gewürzmühle oder zerstoßen sie im Mörser.

Wie hier in Zaire wird Maniok gehäckselt, gewaschen, eingeweicht, getrocknet und in den Schüsseln und Säcken zum Verkauf angeboten.

	mildes Curry	starkes Curry
Kurkuma	32 g	30 g
Koriander	24 g	22 g
Kardamom	12 g	12 g
Kreuzkümmel	10 g	10 g
Bockshornkleesamen	10 g	4 g
Pfeffer	5 g	5 g
Gewürznelken	4 g	2 g
Fenchel	2 g	2 g
Cayennepfeffer	1 g	6 g
Ingwer	–	7 g

Andere Zutaten

Süßkartoffeln (Bataten)
Die Knolle der subtropischen und tropischen Pflanze wird als Gemüse verzehrt, ähnlich wie die Kartoffel. Es werden aber auch Futtermittel und Sirup, Bindemittel, Mehl, Stärke und antibiotische Produkte daraus hergestellt.
Die Blätter werden als Gemüse gekocht.

Maniok, Tapioka
Diese Knolle hat sich in Afrika als dürreresistente Pflanze bewährt. Deshalb spielt sie bei der Bekämpfung der Lebensmittelknappheit eine Schlüsselrolle. Außer als Nahrungsmittel direkt wird sie als Rohstoff für die Stärkeherstellung und in der pharmazeutischen Industrie eingesetzt. Man muß die Knolle gut schälen und kochen, um ihren Säuregehalt zu senken.

Okraschoten
Sie heißen in Afrika Gumbofrucht. Sie werden als Gartengemüse angebaut, die Schoten werden unreif geerntet und für Suppen und Saucen verwendet. Der Schleim, der beim Kochen entsteht, wirkt bindend.

Kokosnuß

Die Kokospalme ist ein weit-verbreiteter Baum. Kokos-fleisch und Kokosmilch sind Grundlage für viele kulinari-sche Besonderheiten (siehe Seite 26). Kokosmilch können Sie auch in Dosen (gesüßt und ungesüßt) kaufen. Oder mit geriebener Kokoscreme und Wasser herstellen. Kokos-fleisch können Sie durch Kokosflocken ersetzen.

Grüne Bananen, Kochbana-nen, Mehlbananen oder Pla-tanen

Sie dürfen mit der in Europa und Amerika sehr beliebten, auch tropisch wachsenden Obstbanane nicht verwechselt werden. Die Kochbananen sind länger und dicker, wer-den meist grün und unreif bevorzugt. Sie sind ein wichti-ges Nahrungsmittel beson-ders in Ost- und West-Afrika. In Uganda zum Beispiel wer-den sie auch als Basis für die Herstellung eines Bier namens Mwenge Bigere verwendet.

Yams

Sie ist eine der wichtigsten Knollen in Afrika, vor allem, weil sie – ähnlich wie Maniok – auch in wasserarmen Gebieten gedeiht.

Fisch

Er wird in Afrika viel gegess-sen; Meeresfisch in den Küstenländern, Süßwasser-fisch in den Gebieten rund um die großen Seen in Ost-Afrika. In ganz großen Fisch-geschäften werden Sie viel-leicht ab und zu einen afrika-nischen Fisch erhalten, aber für den »Normalfall« habe ich in Deutschland übliche Fische ausgewählt. Stockfisch ist durch Trocknen und Salzen haltbar gemach-ter Fisch. Vor der Zubereitung muß er auf jeden Fall 2–3 Tage gewässert werden. Stockfisch ist dort, wo frischer Fisch nicht erhältlich ist, sehr beliebt.

Kochbananen werden zum Verkauf transportiert, mit dem Fahrrad zum nächsten Markt, der Lkw schafft es vermutlich weiter.

Bohnen-bällchen

Akara

Zutaten für 4 Personen:
50 g Schwarzaugenbohnen
1 kleine Zwiebel
1/2 kleine Paprikaschote
1 Teel. Gemüsebrühe · Salz
Zum Fritieren: neutrales Öl

Aus Nigeria

Pro Portion etwa:
580 kJ/140 kcal
3 g Eiweiß · 10 g Fett
8 g Kohlenhydrate

• Einweichzeit: 4–5 Stunden
• Zubereitungszeit: etwa
  30 Minuten

1. Die Bohnen 4–5 Stunden in reichlich Wasser einwei-chen. Dann abgießen und die Bohnen zwischen den Hän-den reiben, um die Häute zu entfernen.

2. Bohnen mit 3 Eßlöffeln Wasser pürieren. Zwiebel schälen, Paprika waschen und putzen. Beides klein-schneiden, mit Brühe und Salz zu den Bohnen geben. Gut durchmischen.

3. Öl in einer tiefen Pfanne erhitzen (es ist heiß genug, wenn an einem Holzlöffelstiel Bläschen hochsteigen). Mit einem Eßlöffel von den Boh-nen Bällchen abnehmen und in das Öl legen, von beiden Seiten etwa 10 Minuten fritie-ren. Die fertigen Bällchen auf Küchenpapier legen.

Teigtaschen mit Reis

Sumbusa

Sumbusa kommen ursprüng-lich aus Indien. Sie werden in Uganda als Snack, zum Früh-stück und Kaffee verzehrt.

Zutaten für 5 Stück:
150 g Reis · Salz
1 Zwiebel · 1 Möhre
1/2 Bund Schnittlauch
1 Eßl. Öl · 275 g Mehl
Zum Fritieren: neutrales Öl

Aus Uganda
Etwas aufwendiger

Pro Stück etwa:
1900 kJ/450 kcal
7 g Eiweiß · 16 g Fett
68 g Kohlenhydrate

• Zubereitungszeit: etwa
  1 3/4 Stunden

1. Den Reis mit 1/2 l Salzwas-ser zum Kochen bringen und etwa 30 Minuten garen.

2. Die Zwiebel und die Möhre schälen und würfeln. Den Schnittlauch waschen und in Ringe schneiden. 1 Eß-löffel Öl in einem Topf erhit-zen. Zwiebel, Möhre, Schnitt-lauch und Salz dazugeben und bei mittlerer Hitze unter ständigem Rühren etwa 5 Mi-nuten braten. Den Reis gut untermischen.

3. Das Mehl, 1/8 l Wasser und etwas Salz in einer Schüssel mischen und gut ver-kneten. In 5 gleiche Teig-

stücke teilen. Jedes Teigstück zu einem Kreis von etwa 16 cm Durchmesser ausrol-len. Die Fladen mit Öl bepin-seln und aufeinanderlegen.

4. Eine Pfanne bei mittlerer Hitze erwärmen. Den Fladen-stapel in die Pfanne geben. Mit der Hand auf die Fladen drücken und dadurch ihren Durchmesser in der Pfanne vergrößern. Das Ganze nach etwa 3 Minuten umdrehen.

5. Das oberste Teigblatt ab-nehmen. Den Stapel um-drehen und kurz backen. Wieder das oberste Blatt abnehmen, Stapel umdrehen und backen. So fortfahren. Dann jedes Blatt vierteln. Auf je eine Hälfte der Dreiecke Reis verteilen, den Fladen zu einer Tüte zusammenklappen, umfalten und zudrücken.

7. Reichlich Öl in einer tiefen Pfanne erhitzen. Die Taschen darin bei mittlerer Hitze von beiden Seiten in etwa 8 Mi-nuten goldbraun fritieren.

Tips!

Die Teigblätter auf Vorrat zubereiten und einfrieren. Im vorgewärmten Backofen auftauen.
Mit Bohnen und Hack-fleisch statt Reis füllen.

Im Bild vorne: Bohnenbällchen
Im Bild hinten: Teigtaschen mit Reis

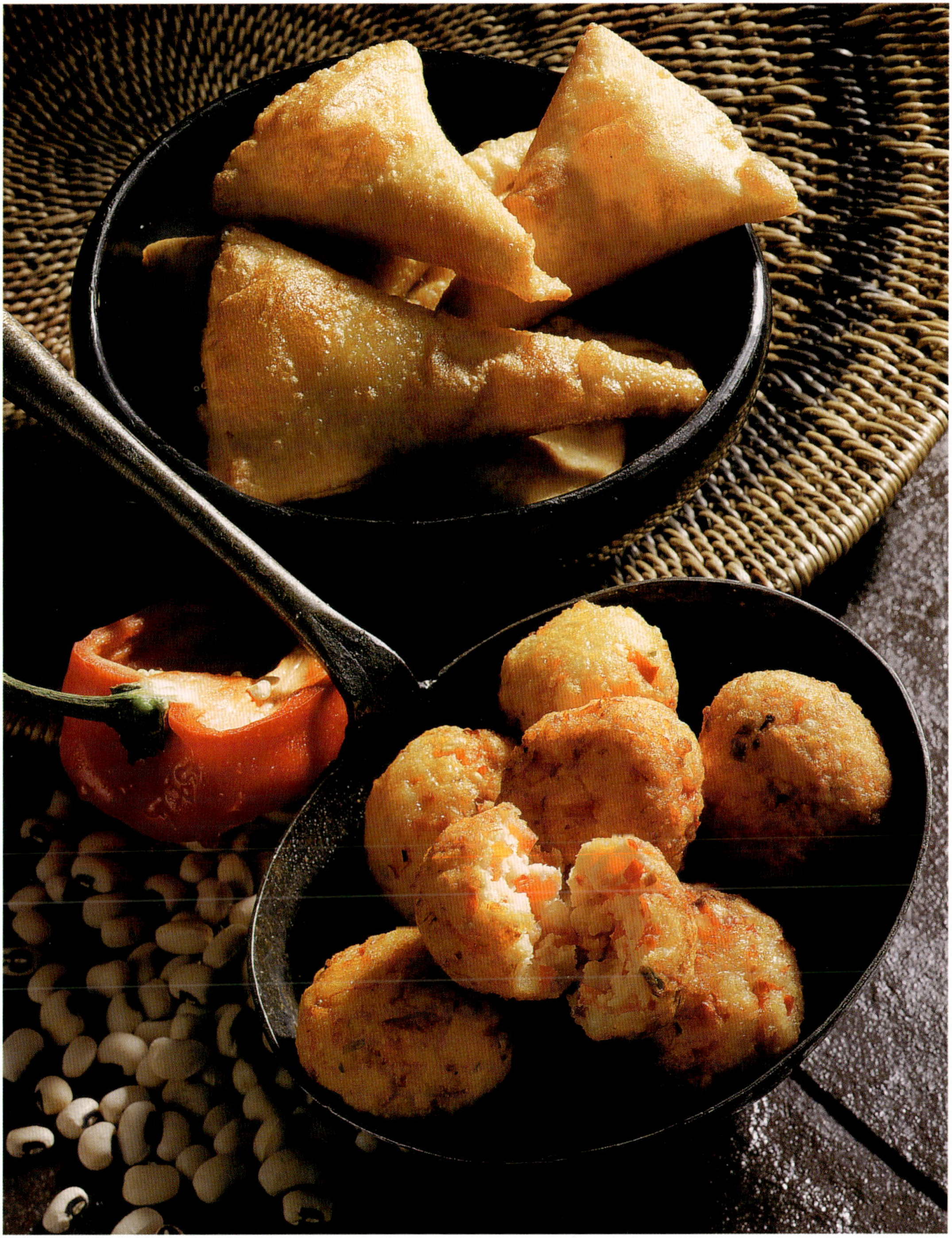

Süßkartoffel-pudding

Sweet Potato Pudding

Für Desserts wird in Afrika allgemein aus der Vielfalt an tropischen Früchten geschöpft. Allerdings haben Desserts in der afrikanischen Eßkultur nicht den hohen Stellenwert wie in Europa oder Amerika.

Zutaten für 8 Personen:
6 mittelgroße Süßkartoffeln · Salz
3/4 l Milch
250 g Kochsahne (oder Sahne)
140 g Zucker
1 Döschen Safranpulver
Zum Bestreuen:
1/2 Teel. Kardamompulver

Aus Ost-Afrika
Exklusiv

Pro Portion etwa:
1100 kJ/260 kcal
5 g Eiweiß · 13 g Fett
33 g Kohlenhydrate

• Zubereitungszeit: etwa
  2 Stunden

1. Etwa 1 l Wasser mit wenig Salz zum Kochen bringen. Die Kartoffeln schälen, in kleine Würfel schneiden und im Wasser bei mittlerer Hitze offen 25–30 Minuten kochen lassen. Die Kartoffeln abgießen und wieder in den Topf geben.

2. Milch, Sahne, Zucker und Safran dazugeben. Bei mittlerer Hitze zum Kochen bringen, dabei mit einem Holzlöffel rühren. Dann bei schwacher Hitze offen etwa 1 Stunde garen, gelegentlich umrühren. Am Schluß soll eine glatte, fast dicke Konsistenz entstanden sein.

3. Mit der Rückseite des Holzlöffels den Pudding durch ein Sieb in eine Schüssel drücken. Kühl stellen. Vor dem Servieren mit Kardamom bestreuen.

Fladenbrot

Chapati

Chapatis haben einen indischen Ursprung und sind überall in Ost-Afrika verbreitet, teilweise mit lokalen Varianten.

Zutaten für 5 Stück:
225 g Weizenmehl
1/2 Teel. Salz
2 1/2 Eßl. neutrales Öl
Für die Arbeitsfläche: Mehl

Aus Ost-Afrika
Gelingt leicht

Pro Stück etwa:
970 kJ/230 kcal
5 g Eiweiß · 9 g Fett
32 g Kohlenhydrate

• Zubereitungszeit: etwa
  30 Minuten

1. Das Mehl, das Salz und 100–150 ml Wasser in einer Schüssel mit den Händen zu einem glatten Teig kneten. Eventuell etwas mehr Wasser nehmen. In 5 Stücke teilen.

2. Die Teigstücke auf einer bemehlten Arbeitsfläche dünn und rund ausrollen.

3. Pro Fladen 1/2 Eßlöffel Öl in einer Pfanne erhitzen. Jeden Fladen darin bei mittlerer Hitze etwa 1 Minute braten, umdrehen und auf der anderen Seite ebenfalls etwa 3 Minuten backen.

Tips!

In Asienläden können Sie ein spezielles Chapati-Mehl kaufen.
Chapatis können Sie gut einfrieren, kurz im vorgewärmten Backofen auftauen und erwärmen.
Sie passen auch gut zur Hauptmahlzeit mit beispielsweise Erdnußsauce, Bohnensauce oder Rindfleisch.

Im Bild vorne: Fladenbrot
Im Bild hinten: Süßkartoffelpudding

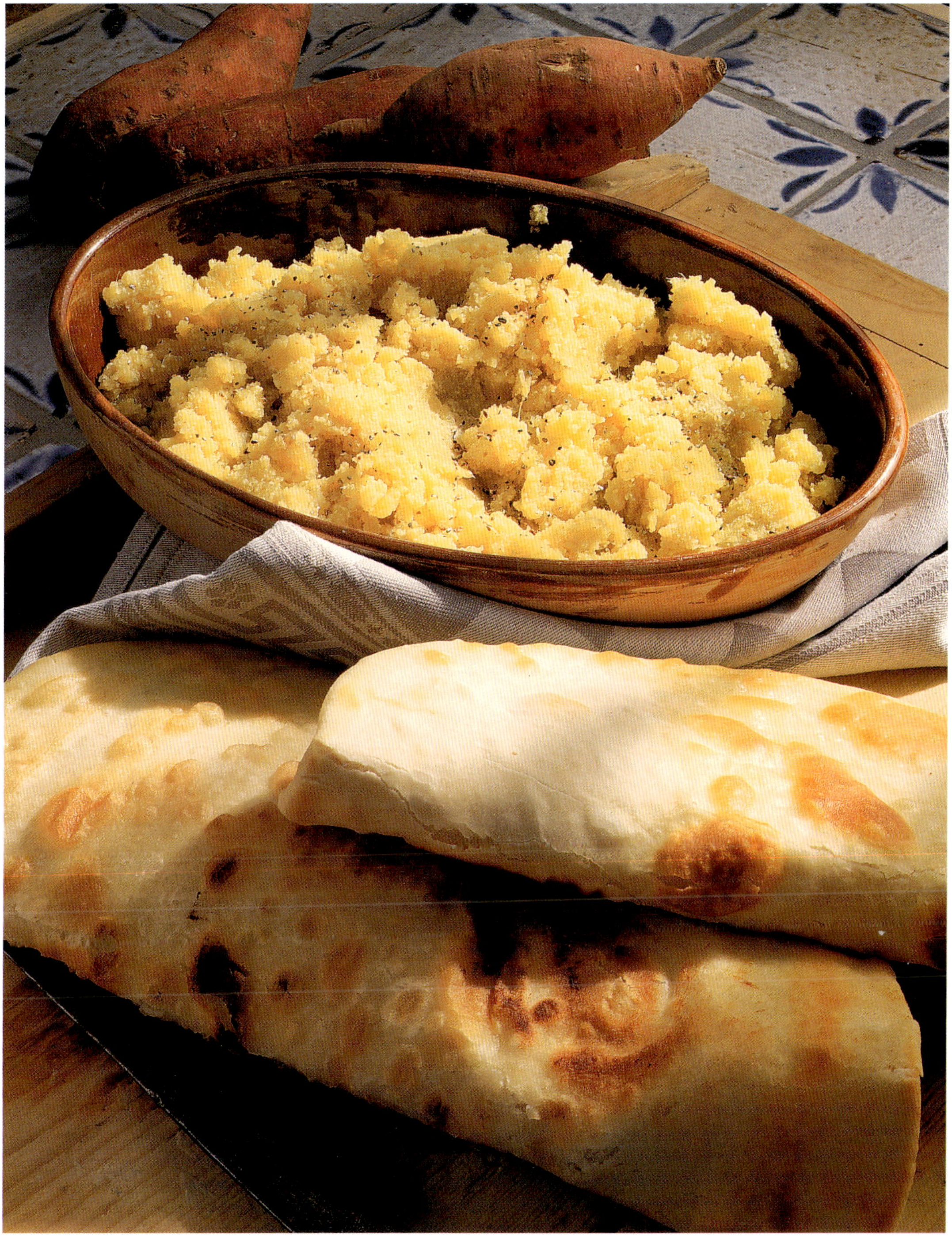

Fischsuppe

Akoru

Die Kombination von Fisch und Chillies findet man überall in West-Afrika.

Zutaten für 4–6 Personen:
1 kg beliebiges Fischfilet
4 Fleischtomaten
1 Zwiebel
3–4 Zweige Petersilie
2 Chilischoten
Salz
1 Teel. frischer Thymian

Aus West-Afrika
Scharf

Bei 6 Personen pro Portion etwa: 570 kJ/140 kcal
30 g Eiweiß · 0 g Fett
4 g Kohlenhydrate

- Zubereitungszeit: etwa 35 Minuten

1. Den Fisch waschen und in kleine Stücke schneiden. Die Stücke in einen Topf geben und mit etwa 1 l Wasser bedecken.

2. Die Tomaten waschen. Die Zwiebel schälen. Die Petersilie waschen. Tomaten, Zwiebel, Chillies und Petersilie kleinschneiden und in den Topf geben. Salz und den Thymian dazugeben und gut verrühren.

3. Bei starker Hitze zum Kochen bringen. Die Suppe bei schwacher Hitze zugedeckt etwa 20 Minuten garen. Sofort servieren.

Egusisuppe

Egusi

Afrikanische Suppen unterscheiden sich fast nicht von Saucen. Suppen werden meist mit einem festen, stärkehaltigen Gericht (wie Fufu, einer Mehlpaste, in West-Afrika oder Hirsepaste in manchen Teilen Ost-Afrikas) serviert. Traditionell nimmt man ein Stück der Speise, taucht es in die Suppe und ißt es so. Saucen haben eine dickere Konsistenz. Sie werden direkt über das Hauptgericht gegossen. Egusi verlangt relativ ungewöhnliche Zutaten, aber eine Probe lohnt sich.

Zutaten für 4–6 Personen:
700 g beliebiges Fischfilet
1 Zwiebel
Salz
120 g Egusisamen (ersatzweise Kürbiskerne)
2–3 frische Chilischoten oder
1–2 Teel. Cayennepfeffer
100 g getrocknete Krabben
200 g Okraschoten
100 ml Palmöl oder anderes Öl
250 g passierte Tomaten (Fertigprodukt)

Aus Nigeria • Scharf

Bei 6 Personen pro Portion etwa: 1600 kJ/380 kcal
35 g Eiweiß · 27 g Fett
4 g Kohlenhydrate

- Zubereitungszeit: etwa 1 Stunde

1. Den Fisch würfeln. Die Zwiebel schälen und würfeln.

Den Fisch, die Hälfte der Zwiebel und etwa 1/4 l Salzwasser in einen Topf geben und zum Kochen bringen. Etwa 10 Minuten bei mittlerer Hitze kochen lassen.

2. Währenddessen die Egusisamen, die Chillies und die Krabben getrennt mahlen, am besten im Mörser. Die Okras putzen und kleinschneiden.

3. Das Öl in einem großen Topf erhitzen und schnell die restliche Zwiebel und die Tomaten hineinrühren. Den Fisch mit einem Schaumlöffel aus dem ersten Topf heben und beiseite legen. Die Brühe mit Wasser auf 1/4 l ergänzen und in den zweiten Topf gießen. Bei mittlerer Hitze erwärmen.

4. Die Egusi- und die Chilliepaste, den Pfeffer, die Okras und die Krabben nacheinander in den Topf rühren, salzen. 8–10 Minuten bei mittlerer Hitze kochen lassen. Am Schluß den Fisch dazugeben. Allein oder mit Reis servieren.

Variante:

Anstelle von Egusisamen können Sie Kürbiskerne oder Tapiokamehl verwenden. Dann 30 g Mehl mit etwas heißer Brühe aufschlagen und in den Topf geben.

Bild oben: Fischsuppe
Bild unten: Egusisuppe

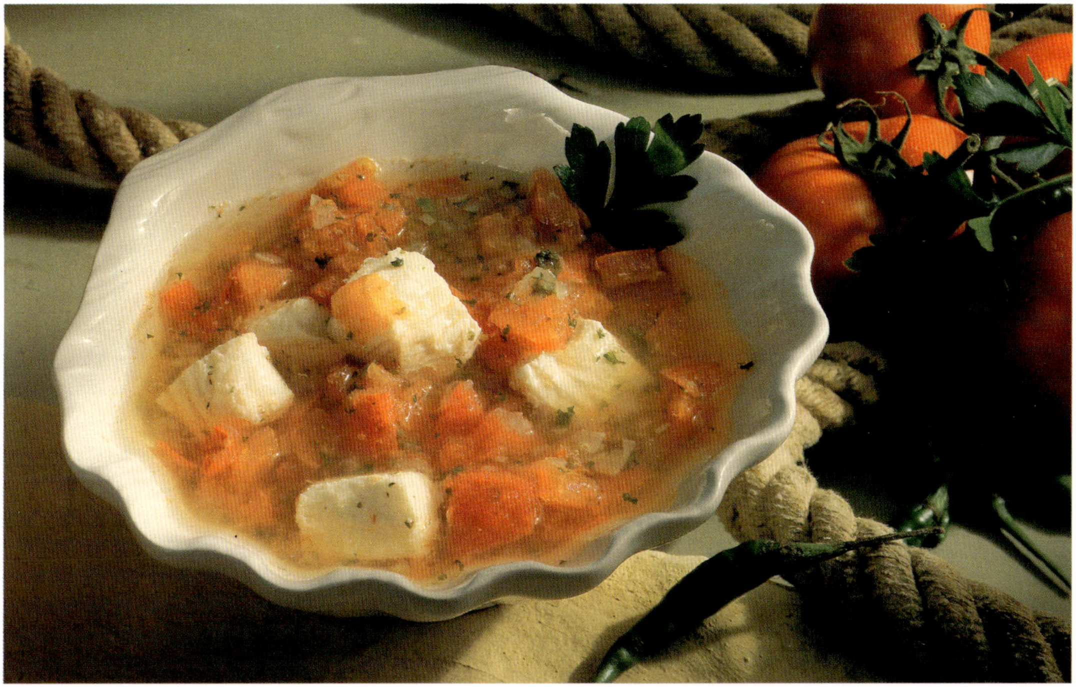

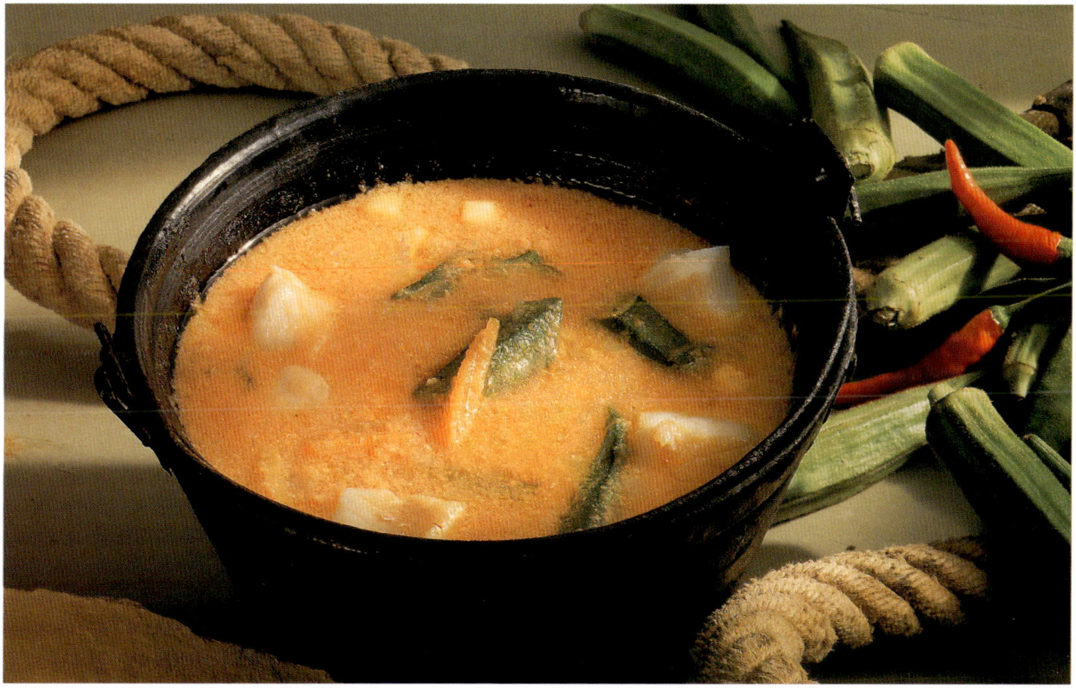

SNACKS, SUPPEN UND SÜSSES

Grüne Papayasuppe

Potage d'une papaye verte

Zutaten für 4 Personen:
1/2 l Hühnerbrühe
1 kleine Zwiebel
2 große grüne Papayas
2 Eßl. Butter oder Margarine
1 Teel. Salz
1/4 Teel. Cayennepfeffer
4 Eßl. Milch · 1 Teel. Maisstärke

Aus dem Kongo

Pro Portion etwa:
400 kJ/100 kcal
2 g Eiweiß · 7 g Fett
7 g Kohlenhydrate

• Zubereitungszeit: etwa 40 Minuten

1. Die Brühe erwärmen. Die Zwiebel schälen und kleinschneiden. Die Papayas schälen, halbieren, entkernen und in Würfel schneiden.

2. Die Butter oder Margarine in einem Topf schmelzen lassen. Die Zwiebel darin glasig dünsten. Brühe unterrühren.

3. Papaya, Salz und Cayennepfeffer dazugeben. Etwa 10 Minuten bei mittlerer Hitze kochen lassen. Die Suppe pürieren und wieder in den Topf geben.

4. Die Milch in eine Schüssel geben. Die Maisstärke darin glattrühren. Unter die Suppe mischen und unter Rühren etwa 5 Minuten köcheln lassen.

Gebackene Kochbananen

Baked Plantains on the Shell

Für dieses Rezept müssen die »grünen« Bananen ausnahmsweise reif sein – also gelb.

Zutaten für 4 Personen:
4 reife (gelbe) Kochbananen
4 Eßl. Butter oder Margarine
140 g brauner Zucker
3/4 Teel. Zimtpulver

Aus Ost-Afrika Exotisch

Pro Portion etwa:
1600 kJ/380 kcal
2 g Eiweiß · 13 g Fett
67 g Kohlenhydrate

• Zubereitungszeit: etwa 45 Minuten

1. Den Backofen auf 175° vorheizen. Die Bananen waschen, nicht schälen und längs durchschneiden.

2. Die Bananen mit den Schnittflächen nach oben in eine flache Form legen.

3. Die Butter oder Margarine schmelzen lassen. Das Fett, den Zucker und den Zimt gut mischen und auf den Bananen verteilen.

4. Die Form zudecken (eventuell mit Alufolie) und die Bananen im Backofen (Mitte, Umluft 160°) etwa 35 Minuten backen. Zum Verzehr die Bananen direkt aus der Schale löffeln.

Fleischspieße

Moushkaki

Die Somalis sind traditionell ein nomadisches Volk und deshalb auf unkomplizierte Rezepte angewiesen.

Zutaten für 8 Personen:
1 kg Rindfleisch (Filet oder Steakfleisch) · 1 Knoblauchzehe
120 ml Zitronensaft
1/2 Teel. Ingwerpulver
1/2 Teel. schwarzer Pfeffer, frisch gemahlen
1/4 Teel. Cayennepfeffer · Salz

Aus Somalia

Pro Portion etwa:
650 kJ/150 kcal
27 g Eiweiß · 5 g Fett
0 g Kohlenhydrate

• Marinierzeit: 6–8 Stunden
• Zubereitungszeit: etwa 25 Minuten

1. Das Fleisch in große Würfel schneiden. Den Knoblauch schälen und in eine Schüssel pressen. Mit allen restlichen Zutaten mischen. Das Fleisch untermischen. Für 6–8 Stunden in den Kühlschrank stellen. Gelegentlich umrühren.

2. Den Grill vorheizen. Die Fleischwürfel auf Holzspieße stecken und 10–15 Minuten grillen. Ab und zu wenden.

Im Bild vorne: Fleischspieße
Im Bild Mitte:
Gebackene Kochbananen
Im Bild hinten: Grüne Papayasuppe

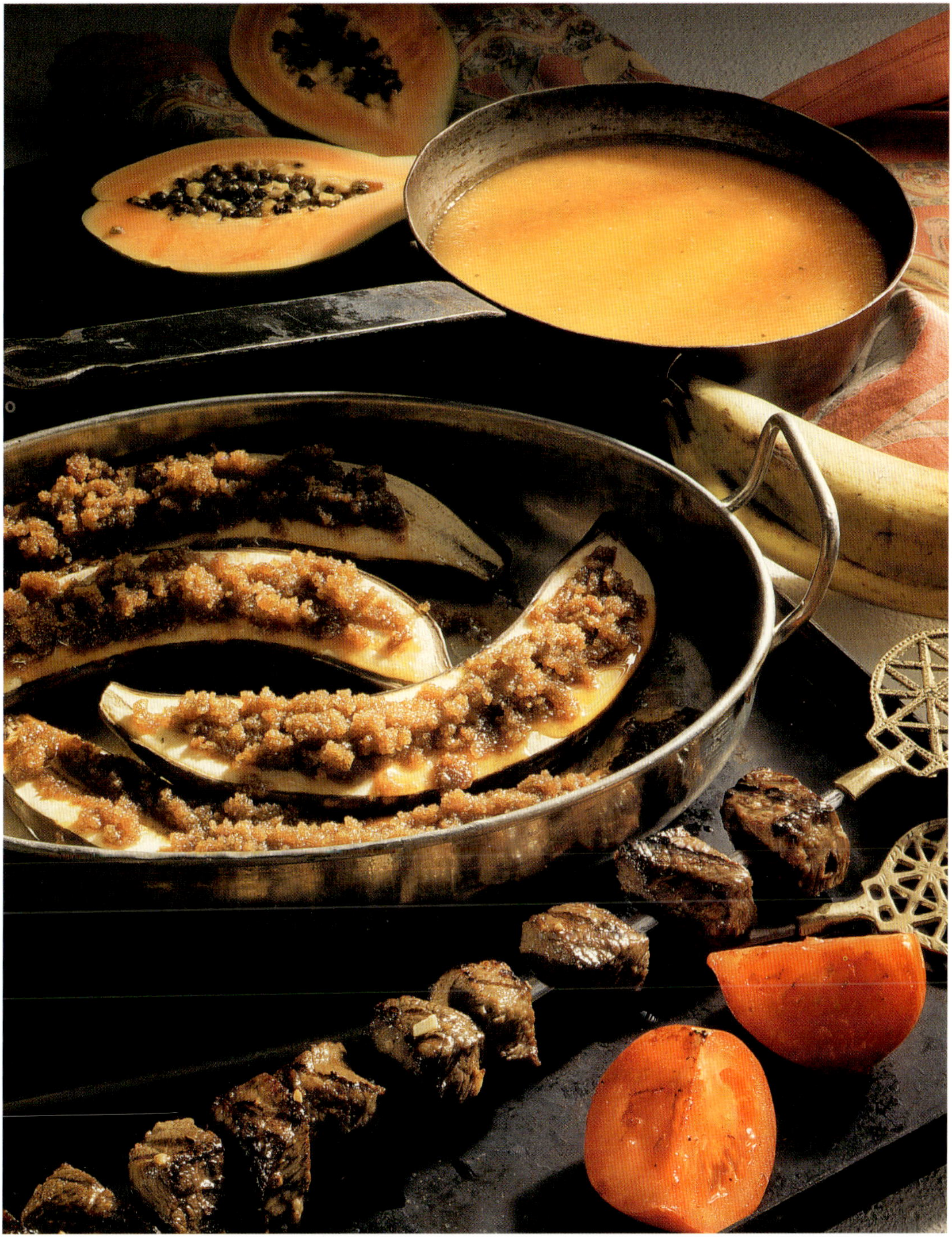

Fritierte Kochbananen

Kelewele

Sie werden als Snack, in Ghana auch zum Frühstück verzehrt. Sie können aber auch wie Pommes frites als Beilage verwendet werden.

Zutaten für 6 Personen:
6 Kochbananen
1 Teel. Ingwerpulver
Salz
1/2 Teel. Cayennepfeffer
Zum Fritieren: 1/2 l neutrales Öl

Aus Ghana
Gelingt leicht

Pro Portion etwa:
1100 kJ/260 kcal
2 g Eiweiß · 17 g Fett
32 g Kohlenhydrate

• Zubereitungszeit: etwa
  20 Minuten

1. Die Bananen schälen und in fingerdicke Scheiben schneiden. 2 Eßlöffel Wasser, den Ingwer, etwas Salz und den Cayennepfeffer in einer Schüssel gut mischen. Die Bananenscheiben darin wenden.

2. Das Öl in einem tiefen, schweren Topf erhitzen (an einem Holzstäbchen, das Sie hineinhalten, müssen Blasen hochsteigen).

3. Die Bananenscheiben im Öl goldbraun fritieren. Zum Abtropfen auf Küchenpapier legen.

Süßkartoffel-puffer

Sweet Potato Puffs

Zutaten für 4 Personen:
500 g Süßkartoffeln
180 g Mehl
1 1/2 Teel. Backpulver
1/2 Teel. Salz
1/4 Teel. gemahlene Gewürznelken
1/4 Teel. Muskat, frisch gerieben
2 Eier
Für die Arbeitsfläche: Mehl
Zum Fritieren: 1/4 l neutrales Öl

Aus Liberia

Pro Portion etwa:
1720 kJ/410 kcal
10 g Eiweiß · 14 g Fett
59 g Kohlenhydrate

• Zubereitungszeit: etwa
  1 Stunde

1. Die Süßkartoffeln ungeschält etwas kleiner schneiden, mit Wasser bedeckt in 20–30 Minuten garen, dann schälen.

2. Kartoffeln in eine Schüssel pressen. Eier dazugeben. Mehl, Backpulver und Gewürze mischen, dazusieben und alles mit den Händen zu einem festen Teig verkneten.

3. Den Teig auf einer bemehlten Arbeitsfläche etwa fingerdick ausrollen. Mit einem Messer beliebige Formen ausschneiden.

4. Das Öl in einem schweren Topf erhitzen (an einem Holzstäbchen sollen Blasen hoch-

steigen). Die Teigstücke darin bei mittlerer Hitze 3–4 Minuten fritieren, dabei wenden. Auf Küchenpapier legen. Nach Belieben mit Puderzucker bestreuen.

Maiskrapfen

Mandazi

Zutaten für 6 Personen:
120 g Maismehl
60 g Weizenmehl
30 g Zucker · 1 Ei
etwa 175 ml Milch
Zum Fritieren: 1/4 l neutrales Öl

Aus Ost-Afrika

Pro Portion etwa:
970 kJ/230 kcal
5 g Eiweiß · 11 g Fett
28 g Kohlenhydrate

• Zubereitungszeit: etwa
  20 Minuten

1. Mehl und Zucker in einer Schüssel mischen. Das Ei und genug Milch unterrühren, um einen Teig von leicht dicker Konsistenz zu erhalten.

2. Das Öl in einer Pfanne erhitzen (an einem Holzstäbchen sollen Blasen aufsteigen). Den Teig löffelweise vorsichtig in das Öl geben. Von beiden Seiten goldbraun fritieren. Die Krapfen auf Küchenpapier abtropfen lassen. Warm servieren.

Im Bild links: Fritierte Kochbananen
Im Bild rechts: Maiskrapfen
Im Bild hinten: Süßkartoffelpuffer

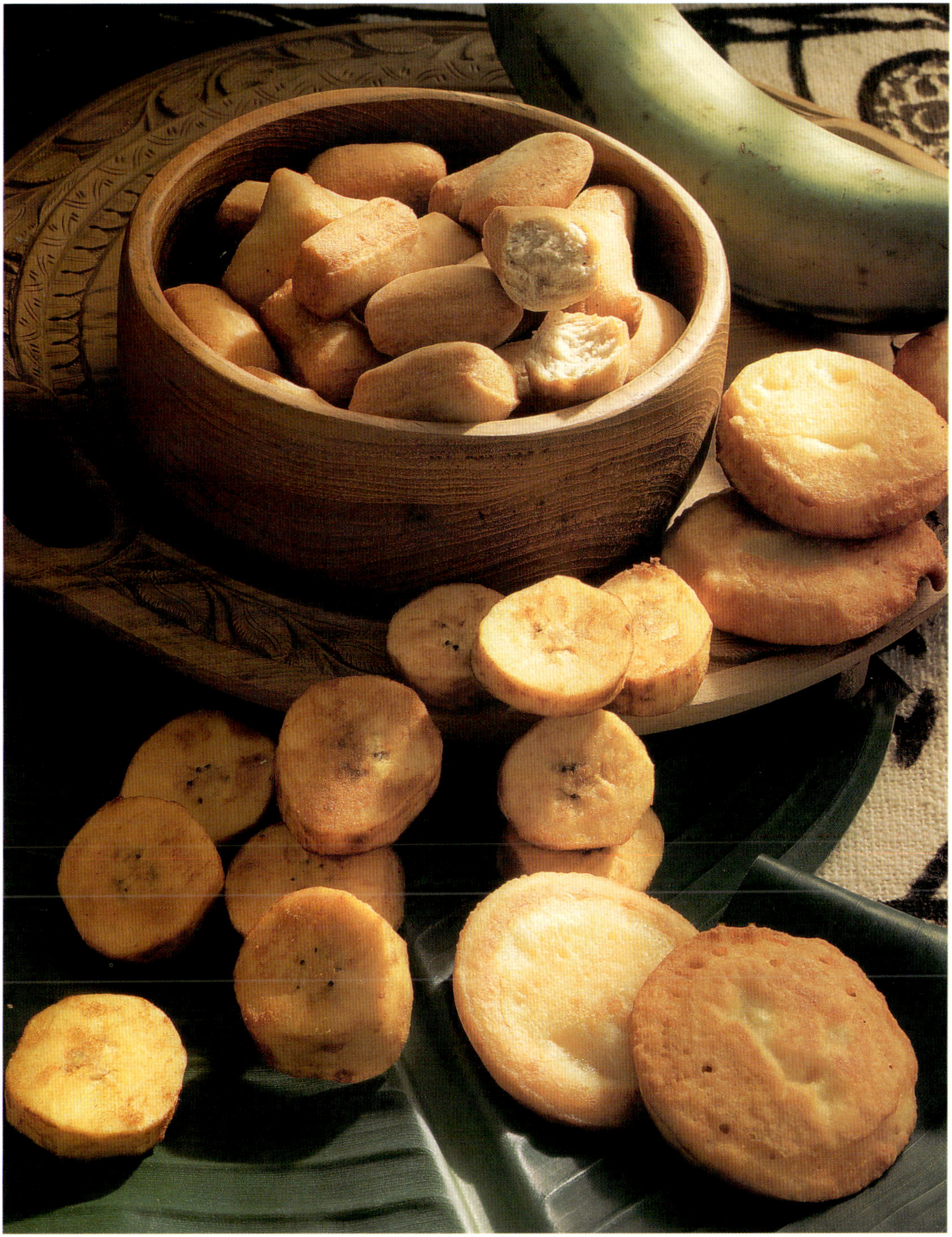

Süßkartoffeln mit Erdnußsauce

Embboli na maido

Zutaten für 4 Personen:
3 große Süßkartoffeln · Salz
160 g Champignons
1 Zwiebel · 3 Tomaten
3 Eßl. Öl
1 Teel. Currypulver
1 Teel. Pfeffer, frisch gemahlen
200 g Erdnußkerne

**Aus Uganda
Berühmtes Rezept**

Pro Portion etwa:
2125 kJ/520 kcal
19 g Eiweiß · 26 g Fett
55 g Kohlenhydrate

• Zubereitungszeit: etwa
  1 Stunde

1. Die Kartoffeln waschen, schälen und in kleinere Stücke schneiden. Mit etwa 1 l Salzwasser zum Kochen bringen. Bei mittlerer Hitze zugedeckt etwa 35 Minuten kochen lassen.

2. Inzwischen die Champignons putzen und kleinschneiden. Die Zwiebel schälen und in Ringe schneiden. Die Tomaten waschen und ohne die Stielansätze kleinschneiden. Das Öl in einer Pfanne erhitzen. Die Zwiebel dazugeben und bei mittlerer Hitze unter Rühren bräunen lassen. Curry und Pfeffer unter ständigem Rühren hinzufügen. Die Tomaten dazugeben und weiterrühren. Die Champignons und 1/4 l Wasser hinzufügen. Salzen, zudecken und bei schwacher Hitze köcheln lassen, ab und zu umrühren.

3. Gleichzeitig die Erdnüsse mahlen. Mit 3/4 l Wasser in einem kleinen Topf unter ständigem Rühren zum Kochen bringen. Salzen und etwa 10 Minuten bei mittlerer Hitze kochen lassen.

4. Das Gemüse in die Sauce rühren. Die Süßkartoffeln abgießen und die Sauce dazu servieren. Oder, wie im Bild, die Kartoffeln mit dem Gemüse mischen, die Sauce dazu reichen.

Kochbananen (Grundrezept)

Amatooke

Traditionell wickelt man die geschälten Bananen zum Garen in Bananenblätter.

Zutaten für 4 Personen:
8 Kochbananen
Salz
1 Eßl. Butter

Aus Uganda · Schnell

Pro Portion etwa:
1365 kJ/325 kcal
4 g Eiweiß · 1 g Fett
86 g Kohlenhydrate

• Zubereitungszeit:
  20–25 Minuten

1. Die Bananen schälen und in Scheiben schneiden. Die Scheiben mit kaltem Wasser gut waschen.

2. Die Scheiben in einen Topf geben und mit leicht gesalzenem Wasser bedecken. Zum Kochen bringen. Bei mittlerer Hitze 15–20 Minuten kochen lassen, bis die Bananen weich sind, dann abgießen.

3. Mit Butter garnieren. Man ißt sie mit Erdnußsauce (siehe nebenstehendes Rezept), dazu je nach Geschmack Spinat oder Rindfleisch.

Varianten:
Die gegarten Bananen durch die Kartoffelpresse drücken und wie oben servieren.
Die Bananen schälen und im Ganzen mittelweich kochen. Längs halbieren und mit jeweils 1 Scheibe beliebigem Käse belegen. Mit Butterflöckchen servieren.
Rohe Bananenscheiben in Öl pro Seite etwa 2 Minuten fritieren und wie Pommes frites servieren.

Im Bild vorne: Kochbananen
Im Bild hinten:
Süßkartoffeln mit Erdnußsauce

Gemüse-Reis-Topf

Biryani

Die Gemüsemengen sind, wie bei allen Gerichten der afrikanischen Küche, nur Anhaltspunkte und können beliebig verändert werden.

Zutaten für 4–6 Personen:

3 Zwiebeln

4 Teel. Butter

1 Stück frischer Ingwer, etwa walnußgroß

10 Knoblauchzehen

2 Teel. Cayennepfeffer

200 g Möhren

200 g grüne Bohnen

100 g Linsen

75 g grüne Erbsen (frisch gepalt oder tiefgekühlt)

3 große Tomaten

6 Gewürznelken

1/2 Zimtstange

6 Kardamomkörner

1 Teel. Kurkuma

3 Zweige Minze oder 1/2 Teel. getrocknete Minzeblätter

6 große Kartoffeln

360 g Langkornreis

1–2 Teel. Salz

Aus Südafrika
Braucht etwas Zeit

Bei 6 Personen pro Portion etwa: 2200 kJ/520 kcal
18 g Eiweiß · 7 g Fett
100 g Kohlenhydrate

• Zubereitungszeit:
  1 1/2–1 3/4 Stunden

1. Zwiebeln schälen und in Ringe schneiden. Butter in einem großen Topf schmelzen lassen. Zwiebeln braten, ein Drittel beiseite stellen. Ingwer und Knoblauch schälen, kleinschneiden, mit Cayennepfeffer im Topf anbraten. Möhren und Bohnen waschen, putzen und kleinschneiden. Mit Linsen und Erbsen dazugeben.

2. Bei mittlerer Hitze etwa 5 Minuten braten. Eventuell noch Butter dazugeben. Die Tomaten waschen und ohne die Stielansätze kleinschneiden. Mit den Gewürzen und der zerkleinerten Minze zum Gemüse geben. 1/4 l heißes Wasser dazugeben, zudecken und die Gemüse noch etwa 10 Minuten kochen lassen.

3. Die Kartoffeln schälen, halbieren oder vierteln und mit dem Reis, dem Salz und 3/4–1 l (je nach entstandener Gemüseflüssigkeit) heißem Wasser in den Topf geben. Zudecken und 20–30 Minuten (je nach Linsenart) kochen lassen. Der Reis sollte gar sein und das Wasser aufgenommen haben.

4. Mit den zurückgelegten Zwiebeln garnieren. Mit Joghurt als Sauce servieren.

Gebratener Yams

Dundu Oniyeri

Yams ist in Afrika weit verbreitet. Besondere Bedeutung hat er in West-Afrika. Anstelle von Yams können Sie auch Süßkartoffeln nehmen.

Zutaten für 6 Personen:
1 kg Yamswurzeln
Salz
120 g Mehl
1/2 Teel. schwarzer Pfeffer, frisch gemahlen
1/2 Teel. Zimtpulver
1/2 Teel. Paprikapulver, edelsüß
2 Eier
4 Eßl. neutrales Öl

Aus Nigeria

Pro Portion etwa:
1300 kJ/310 kcal
6 g Eiweiß · 9 g Fett
51 g Kohlenhydrate

• Zubereitungszeit: etwa 50 Minuten

1. Die Yamswurzeln schälen und in fingerdicke Scheiben schneiden. Die Scheiben mit etwa 1 l Salzwasser in einen Topf geben. Zum Kochen bringen. Bei mittlerer Hitze etwa 20 Minuten kochen lassen oder bis der Yams bißfest ist. In einem Sieb abgießen.

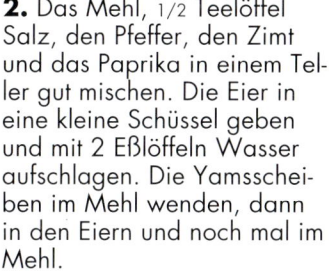

2. Das Mehl, 1/2 Teelöffel Salz, den Pfeffer, den Zimt und das Paprika in einem Teller gut mischen. Die Eier in eine kleine Schüssel geben und mit 2 Eßlöffeln Wasser aufschlagen. Die Yamsscheiben im Mehl wenden, dann in den Eiern und noch mal im Mehl.

3. Das Öl in einem schweren Topf erhitzen (es ist heiß genug, wenn an einem hölzernen Kochlöffelstiel Bläschen hochsteigen). Die Yamsstücke darin goldbraun fritieren, dabei mehrmals wenden.

4. Die fritierten Yamsstücke herausnehmen und auf Küchenpapier abtropfen lassen. Servieren.

23

Gelber Reis mit Rosinen

Geelrys

Zutaten für 4 Personen:
2 Eßl. Butter oder Margarine
180 g Langkornreis
1/4 Zimtstange
1 Teel. Salz
1/2 Teel. Kurkuma
50 g Rosinen

**Aus Südafrika
Gelingt leicht**

Pro Portion etwa:
1000 kJ/240 kcal
4 g Eiweiß · 7 g Fett
41 g Kohlenhydrate

• Zubereitungszeit: etwa
  35 Minuten

1. Die Butter in einen Topf geben und schmelzen lassen. Den Reis dazugeben. Gut mischen, aber nicht bräunen lassen. Den Zimt, das Salz, Kurkuma und 1/2 l Wasser dazugeben.

2. Den Reis zum Kochen bringen und zugedeckt bei mittlerer Hitze etwa 25 Minuten kochen lassen.

3. Den Zimt herausnehmen. Die Rosinen einrühren und noch 1 Minute kochen lassen. Warm servieren.

Gemüsecurry

Mboga ya bizari

Zutaten für 6 Personen:
8 Kartoffeln
1/2 kleiner Blumenkohl
1 Aubergine
150 g grüne Bohnen
100 g Spinat (frisch oder tiefgefroren) · 2 große Zwiebeln
2 Teel. Öl
1 Teel. Kreuzkümmelsamen
1 Teel. schwarze Senfkörner
1 große Knoblauchzehe
1 1/2 Teel. Ingwer, gemahlen
1 Teel. Korianderkörner
1 Teel. Kreuzkümmel, gemahlen
2 Teel. Cayennepfeffer
1/2 Teel. Kurkuma
1 Teel. Salz
1 Zimtstange, geviertelt
6 Gewürznelken
70 g Tomatenmark
50 g gegarte Kichererbsen (aus der Dose) nach Belieben

Aus Kenia • Scharf

Pro Portion etwa:
770 kJ/180 kcal
8 g Eiweiß · 3 g Fett
22 g Kohlenhydrate

• Zubereitungszeit: etwa
  1 1/2 Stunden

1. Alle Gemüse waschen, putzen und, wo nötig, schälen. Die Zwiebeln kleinschneiden. Das Öl in einem großen schweren Topf erhitzen. Die Zwiebeln mit dem Kreuzkümmel und den Senfkörnern dazugeben. Unter Rühren die Zwiebeln bei mittlerer Hitze bräunen lassen.

2. Die Kartoffeln würfeln und in den Topf geben. Den Knoblauch schälen und durch die Presse drücken. Die Korianderkörner zerquetschen. Mit den restlichen Gewürzen dazugeben und alles unter Rühren garen. Währenddessen den Blumenkohl in Röschen teilen. Die Aubergine in Scheiben schneiden. Die Bohnen eventuell durchbrechen.

3. Das Tomatenmark mit etwa 150 ml Wasser verdünnen und zu den Kartoffeln rühren. Die Bohnen dazugeben, nach je etwa 1 Minute den Blumenkohl und die Aubergine unterrühren. Die Kichererbsen nach Belieben zuletzt hinzufügen. Zudecken und in etwa 45 Minuten garen. Zwischendurch umrühren und eventuell Wasser dazugießen. Die Endkonsistenz sollte relativ dick sein.

4. Zum Schluß den Spinat waschen, putzen und im Curry erwärmen. Das Curry mit Reis oder indischem Brot servieren.

Im Bild vorne:
Gelber Reis mit Rosinen
Im Bild hinten: Gemüsecurry

Kokos-Mais-Curry

Mahindi ya nazi na bi zari

Zutaten für 4–6 Personen:
3 Teel. Mohnsamen
1 Teel. Kreuzkümmelsamen
1 Teel. Korianderkörner
1 Teel. Sesamsamen
1 Eßl. Ingwer, frisch gerieben
1 Teel. Cayennepfeffer
Fleisch von 1/2 Kokosnuß
160 g Erdnußkerne
3 Teel. Butter
400 g Maiskörner (aus der Dose)
1 Teel. Salz
etwa 1 1/4 l Kokosmilch (frisch: siehe rechts oder aus der Dose)

Aus Ost-Afrika

Bei 6 Personen pro Portion etwa: 1400 kJ/330 kcal
11 g Eiweiß · 23 g Fett
22 g Kohlenhydrate

• Zubereitungszeit: etwa 50 Minuten

1. Alle Gewürze, das Kokosfleisch und die Erdnüsse im Blitzhacker zu einer glatten Paste verarbeiten.

2. Die Butter in einem großen Topf schmelzen lassen. Die Paste dazugeben und unter ständigem Rühren bei mittlerer Hitze 4–5 Minuten braten.

3. Maiskörner, Salz und Kokosmilch hinzufügen. 10–15 Minuten kochen lassen, bis die Sauce relativ dick ist. Gelegentlich umrühren. Zu Reis servieren.

Eine Kokosnuß öffnen

Bevor Sie eine Kokosnuß kaufen, schütteln Sie sie einmal. Spüren Sie eine schwappende Bewegung im Inneren, so ist sie frisch. Sollte es überhaupt kein Geräusch beim Schütteln geben, dann ist vom Kauf dieser Nuß abzuraten. Zum Öffnen die Nuß mit einem Nagel an zwei schwarzen Stellen anbohren. Durch eines der Löcher die Flüssigkeit abtropfen lassen. (Bei Nüssen direkt vom Baum ist diese Flüssigkeit ein Genuß. Bei älteren Nüssen hat sie allerdings einen unangenehmen Nachgeschmack, besonders nach dem Kochen.) Mit einem Hammer rundum fest auf die Nuß klopfen. Anschließend auf eine harte Fläche legen und die Nuß mit einem harten Schlag öffnen. Die braune Schale mit einem Sparschäler vom Fleisch schneiden.
Alternativ können Sie die Nuß bei 175° (Umluft 160°) etwa 1 Stunde in den Backofen legen, bis die Schale anfängt sich zu spalten. Sollte das alles nicht funktionieren, muß man das Fleisch mit einem Messer von den einzelnen Stücken trennen.

Kokosmilch herstellen

Für etwa 3/4 l Kokosmilch benötigen Sie das Fleisch von 1 Kokosnuß und 3/4 l Wasser. Das Kokosfleisch raspeln. Ein sauberes Küchentuch in eine Schüssel legen, so daß es über die Seiten hinausragt. Das Kokosfleisch hineinlegen und etwa 1/4 l kochendes Wasser darüber gießen. Nach 10–15 Minuten das Tuch zusammenfalten und die Flüssigkeit auspressen, in einer Schüssel auffangen. Diesen Vorgang dreimal wiederholen. Die Milch jedesmal separat auffangen. Die erste Flüssigkeit hat die beste Qualität, und bei Rezepten, die nicht allzuviel Milch benötigen, sollten Sie diese erste Flüssigkeit verwenden.

Das Kokos-Mais-Curry schmeckt natürlich am besten mit Fleisch und Milch von frischen Kokosnüssen. Wie man beides gewinnt, ist auf dieser Seite beschrieben.

Maniokauflauf

Muhogo

Traditionell kocht man die geschälte Knolle weich und serviert sie zum Beispiel mit Erdnußsauce.

Zutaten für 4 Personen:
1 kg Maniok · Salz
125 g Schmelzkäse
2 Eßl. Margarine
2 Eßl. Mehl · 300 ml Milch

Aus Uganda

Pro Portion etwa:
1800 kJ/430 kcal
13 g Eiweiß · 13 g Fett
64 g Kohlenhydrate

- Zubereitungszeit: etwa 50 Minuten

1. Die Maniok schälen, waschen und längs vierteln. Das harte Innere herausschneiden, den Rest klein würfeln.

2. Die Maniok mit 1/2 l Salzwasser in einem Topf zum Kochen bringen. Bei mittlerer Hitze unter gelegentlichem Rühren etwa 10 Minuten kochen lassen.

3. Inzwischen den Backofen auf 200° vorheizen. Den Käse kleinschneiden. Die Margarine in einem Topf schmelzen lassen. Das Mehl unterrühren. Die Milch, den Käse und Salz dazumischen. Bei mittlerer Hitze und unter ständigem Rühren etwa 10 Minuten kochen lassen.

4. Die Maniok abgießen und in eine Form füllen. Die Sauce darüber gießen. Das Ganze im Backofen (Mitte, Umluft 180°) in etwa 20 Minuten goldbraun backen.

Bohnen in Kokosmilch

Maharagwe na tui ya nazi

Dieses Gericht stammt von der für Gewürzanbau weltbekannten Insel Sansibar.

Zutaten für 6 Personen:
1 Tomate · 2–4 Gewürznelken
400 g beliebige Bohnenkerne (aus der Dose)
350 ml Kokosmilch (frisch oder aus der Dose)
1 1/2 Teel. Kurkuma
1 Knoblauchzehe

Aus Tansania

Pro Portion etwa:
600 kJ/150 kcal
11 g Eiweiß · 0 g Fett
25 g Kohlenhydrate

- Zubereitungszeit: etwa 30 Minuten

1. Die Tomate waschen und ohne Stielansatz kleinschneiden. Die Nelken im Mörser zerstoßen.

2. Die Bohnen abgießen und in einen Topf geben. Die Kokosmilch, die Tomate, die Nelken und den Kurkuma dazugeben. Den Knoblauch schälen und hineinpressen. Bei mittlerer Hitze etwa

15 Minuten garen, dabei ab und zu rühren. Mit Reis servieren.

Kochbananen in Kokosmilch

Ndizi na tui ya nazi

Zutaten für 4 Personen:
4 grüne Kochbananen
1/4 Teel. Salz · 1 Teel. Currypulver
1/2 Teel. Zimtpulver
1 Messerspitze Nelken, gemahlen
350 ml Kokosmilch (frisch oder aus der Dose)

Aus Kenia

Pro Portion etwa:
540 kJ/130 kcal
2 g Eiweiß · 0 g Fett
33 g Kohlenhydrate

- Zubereitungszeit: etwa 20 Minuten

1. Bananen schälen, waschen, mit den Gewürzen in einen schweren Topf geben.

2. 300 ml Kokosmilch dazugeben und die Bananen bei schwacher Hitze etwa 15 Minuten garen. Sie sollen weich sein und die Milch aufgenommen haben. Notfalls mehr Kokosmilch hinzufügen. Heiß zu einem Currygericht oder zu Fisch servieren.

Im Bild vorne:
Bohnen in Kokosmilch
Im Bild Mitte: Maniokauflauf
Im Bild hinten:
Kochbananen in Kokosmilch

Grüner Mais

Duuma, Kasooli

Grüner Mais ist ein besonderer Genuß bei der neuen Ernte. In Uganda wickelt man die frischen Kolben in Bananenblätter, stellt sie in einen mit Wasser gefüllten Topf und gart den Mais so.

Zutaten für 6 Personen:
6 Maiskolben
375 ml Milch
1 Teel. Mehl
Salz
Pfeffer, frisch gemahlen
2 Eßl. Butter

Aus Ost-Afrika

Pro Portion etwa:
290 kJ/105 kcal
3 g Eiweiß · 5 g Fett
8 g Kohlenhydrate

- Zubereitungszeit: etwa 50 Minuten

1. Die Maiskolben aus den Blättern lösen, die Fäden entfernen, die Kolben abspülen. Die Kolben schräg auf eine Arbeitsfläche stellen und mit einem scharfen Messer die Körner abschneiden. Mit 3/4 l Wasser zum Kochen bringen und etwa 15 Minuten bei mittlerer Hitze kochen lassen.

2. Die Milch, das Mehl, Salz, Pfeffer und die Butter in einen Topf geben und gut verrühren. Den Mais abgießen, dazugeben. Bei mittlerer Hitze etwa 10 Minuten kochen lassen und warm servieren.

Variante:
Maisgratin
Den gegarten Mais mit geriebenem Käse mischen und in eine gefettete Auflaufform füllen. Mit Käse und Butterflöckchen belegen, bei 170° im Backofen (Mitte, Umluft 150°) etwa 10 Minuten überbacken.

Okragemüse

Gumbo »Back to the Roots«

Dieses Gericht brachten damalige Sklaven aus Afrika nach Amerika. Dort in den berühmten »Plantation Kitchens«, kreierten die Sklaven mit wenigen Zutaten kulinarische Meisterstücke. Für die Afro-Amerikaner sind solche Gerichte von großer Bedeutung, denn sie sind eine Art lebendige Verbindung mit ihrer »Heimat«. Okra Gumbo hat sich inzwischen als Spezialität in Louisiana etabliert.

Zutaten für 4 Personen:
2 Zwiebeln · 1 Knoblauchzehe
8 Eßl. Butter oder Margarine
300 g Okraschoten
4 große Tomaten
2 Eßl. Petersilie, frisch gehackt
1 Teel. Paprikapulver, edelsüß
1/2 Teel. schwarzer Pfeffer, frisch gemahlen
1/2 Teel. Currypulver · Salz
1 1/2 Eßl. Zitronensaft
1 Teel. Zucker
1 Teel. Worcestersauce
3 Eßl. Tomatenketchup

Afro-Amerikanisch

Pro Portion etwa:
1100 kJ/260 kcal
4 g Eiweiß · 21 g Fett
12 g Kohlenhydrate

- Zubereitungszeit: etwa 1 Stunde

1. Die Zwiebeln und den Knoblauch schälen und kleinschneiden. 4 Eßlöffel Butter in einen großen Topf geben und schmelzen lassen. Die Zwiebeln und den Knoblauch dazugeben und etwa 5 Minuten bei mittlerer Hitze goldbraun braten. Zwiebel und Knoblauch aus dem Topf nehmen und beiseite legen.

2. Die Okras putzen und in Scheiben schneiden. Die restliche Butter in dem Topf schmelzen lassen. Die Okrascheiben darin etwa 10 Minuten bei mittlerer Hitze unter gelegentlichem Rühren dünsten.

3. Die Tomaten waschen und ohne die Stielansätze kleinschneiden. Mit den restlichen Zutaten in den Topf geben, umrühren und alles zugedeckt etwa 35 Minuten garen, gelegentlich umrühren. Mit Reis oder zu Maniok servieren.

Variante:
Geben Sie noch etwas Sahne oder warmes Wasser zu dem Gericht.

Im Bild vorne: Grüner Mais
Im Bild hinten: Okragemüse

Hähnchen in Erdnußsauce

Enkokko mu Binyebwa/
Nvulugga

Zutaten für 4–6 Personen:
1 Brathähnchen von etwa 1,2 kg
Salz
700 g Erdnüsse
2 Zwiebeln · Öl
Pfeffer, frisch gemahlen
6 hartgekochte Eier
1 kleine frische Ananas

Aus Uganda

Bei 6 Personen pro Portion
etwa: 2915 kJ/735 kcal
57 g Eiweiß · 48 g Fett
22 g Kohlenhydrate

- Zubereitungszeit: etwa
  1 1/2 Stunden

1. Das Huhn in Stücke teilen, waschen und in einen Topf geben. Salzen, mit Wasser bedecken und zum Kochen bringen. Das Huhn bei mittlerer Hitze in etwa 40 Minuten garen. Die Hühnerstücke aus der Brühe nehmen.

2. Inzwischen die Erdnüsse schälen und in einer trockenen Pfanne leicht rösten, dann im Blitzhacker fein mahlen. Die Zwiebeln schälen und kleinschneiden. Etwas Öl in einer tiefen Pfanne erhitzen. Die Zwiebeln darin bei mittlerer Hitze unter Rühren goldbraun braten.

3. Wenn das Huhn gar ist, die Erdnußpaste und die Hälfte der Hühnerbrühe in die Pfanne rühren. Die Hühnerteile und eventuell noch Brühe dazugeben. Salz und Pfeffer dazugeben und etwa 10 Minuten bei mittlerer Hitze kochen lassen. Die Eier schälen und dazugeben. Weitere 5 Minuten kochen lassen. Die Ananas schälen und in Scheiben schneiden. Das Hühnerfleisch mit der Sauce anrichten und mit Ananas garnieren. Mit Kochbananen oder Reis servieren.

Hähnchen in Kokosmilch

Kuku na nazi

Zutaten für 4 Personen:
1 Brathähnchen von etwa 1,2 kg
1 Stück frischer Ingwer, etwa walnußgroß
5 Knoblauchzehen
1 Chilischote (ersatzweise 1/2 Teel. Cayennepfeffer)
2 Teel. Currypulver
1 Zwiebel
4 Eßl. Öl
Salz
1/2 Bund Koriandergrün
1 Teel. Kreuzkümmel, gemahlen
1/2 Kokosmilch (frisch oder aus der Dose)
100 g Kokoscreme

Aus Kenia • Originell

Pro Portion etwa:
2400 kJ/570 kcal
48 g Eiweiß · 36 g Fett
14 g Kohlenhydrate

- Zubereitungszeit: etwa
  1 Stunde

1. Das Huhn in kleine Stücke schneiden, waschen und trockentupfen. Den Ingwer und den Knoblauch schälen, mit der Chillie kleinschneiden und zusammen mit dem Currypulver zu einer glatten Paste verarbeiten (am besten im Mörser oder in einer Gewürzmühle).

2. Die Zwiebel schälen und kleinschneiden. 2 Eßlöffel Öl in einem Topf erhitzen. Die Zwiebel darin unter Rühren goldbraun braten. Die Gewürzpaste hinzufügen und gut mischen. Etwa 5 Minuten braten.

3. Den Koriander waschen und kleinschneiden. Das restliche Öl in einer großen Pfanne erhitzen. Die Hühnerteile darin von allen Seiten in etwa 10 Minuten braun braten. Salzen, die gewürzte Zwiebel unterrühren.

4. Koriander, Kreuzkümmel und die Kokosmilch dazugeben. Alles gut verrühren. 30–40 Minuten bei mittlerer Hitze kochen lassen, bis das Huhn gar ist. Die Kokoscreme in etwas Kochflüssigkeit verrühren und über das Fleisch gießen. Den Topf vom Herd nehmen und bis zum Servieren stehenlassen. Mit Reis servieren.

Im Bild vorne:
Hähnchen in Kokosmilch
Im Bild hinten:
Hähnchen in Erdnußsauce

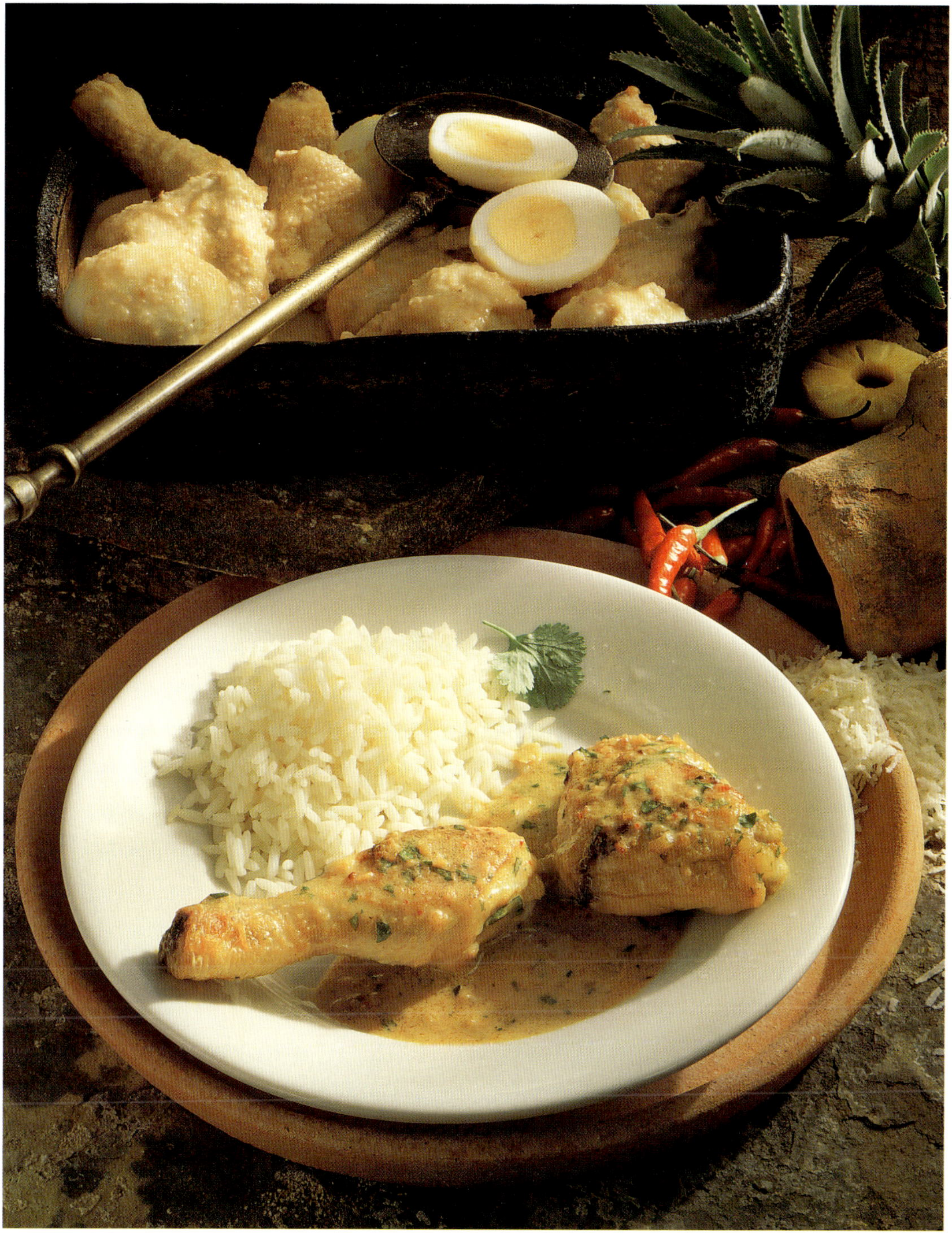

Hähnchen-curry

Nkoko Masala

Currygerichte sind dank der vielen eingewanderten Inder in Ost-Afrika sehr beliebt.

Zutaten für 4 Personen:
1 Brathähnchen von etwa 1,2 kg
1 große Zwiebel
4 Knoblauchzehen
1 Stück frischer Ingwer, etwa hasel-nußgroß
3 Eßl. Öl · 1/2 Zimtstange
4 Kardamomsamen
4 Gewürznelken
1/2 Teel. Paprikapulver, rosen-scharf
1/2 Teel. Kurkuma
170 g Tomatenmark · Salz
4 Kartoffeln
1/2 Teel. Korianderpulver

Aus Ost-Afrika

Pro Portion etwa:
1900 kJ/450 kcal
50 g Eiweiß · 19 g Fett
23 g Kohlenhydrate

• Zubereitungszeit: etwa
  1 1/4 Stunden

1. Das Huhn in 4–6 Stücke teilen, waschen und trocken-tupfen. Zwiebel und Knob-lauch schälen und kleinschnei-den. Ingwer schälen und hal-bieren. Das Öl in einer großen Pfanne erhitzen. Zwiebel, Knoblauch, Ingwer, Zimt und die Gewürze hineinrühren.

2. Das Tomatenmark und 200 ml Wasser unterrühren, bei mittlerer Hitze unter Rüh-ren aufkochen lassen.

3. Die Hähnchenstücke hinzu-fügen, salzen und zugedeckt bei schwacher Hitze etwa 25 Minuten garen. Eventuell etwas warmes Wasser dazu-gießen.

4. Die Kartoffeln schälen, vierteln und in die Pfanne ge-ben. Noch etwa 15 Minuten garen. Den Koriander dazu-geben und alles offen etwa 10 Minuten garen.

Hühnertopf mit Spinat

Dovi

Zutaten für 4–6 Personen:
1 Brathähnchen von etwa 1,2 kg
3–4 Tomaten
2 grüne Paprikaschoten
2 Zwiebeln · 2 Knoblauchzehen
2 Eßl. Butter · Salz
1/2 Teel. Cayennepfeffer
6 Teel. Erdnußbutter · 250 g Spinat

Aus Simbabwe

Bei 6 Personen pro Portion etwa: 1400 kJ/330 kcal
35 g Eiweiß · 18 g Fett
8 g Kohlenhydrate

• Zubereitungszeit: etwa
  1 Stunde

1. Das Huhn waschen und in 4–6 Stücke schneiden. In ei-nem großen Topf mit Wasser bedecken, salzen und etwa 30 Minuten bei mittlerer Hitze garen.

2. Inzwischen die Tomaten brühen, häuten und ohne die Stielansätze kleinschneiden. Paprika waschen, putzen und kleinschneiden. Zwiebeln schälen und kleinschneiden. Knoblauch schälen und zer-drücken.

3. Die Butter in einem Topf schmelzen lassen. Die Zwie-beln darin goldbraun braten. Knoblauch, Salz und Ca-yennepfeffer dazugeben, bei mittlerer Hitze 2–3 Minuten unter Rühren braten.

4. Die Hühnerteile aus der Brühe heben und mit der Paprika zu den Zwiebeln geben. Das Fleisch gleich-mäßig braun braten. Die Tomaten und etwa 300 ml Hühnerbrühe unterrühren. Bei mittlerer Hitze 5–10 Minuten kochen lassen.

5. Die Erdnußbutter mit eini-gen Löffeln heißer Brühe mischen. Die Hälfte davon unter das Fleisch rühren, bei mittlerer Hitze noch etwa 10 Minuten weitergaren.

6. Inzwischen in einem brei-ten Topf Salzwasser erhitzen. Den Spinat waschen, von Stie-len befreien und im kochen-den Wasser einige Minuten blanchieren. Abgießen und mit der restlichen Erdnußpa-ste mischen. Mit dem Eintopf servieren

Bild oben: Hähnchencurry
Bild unten: Hühnertopf mit Spinat

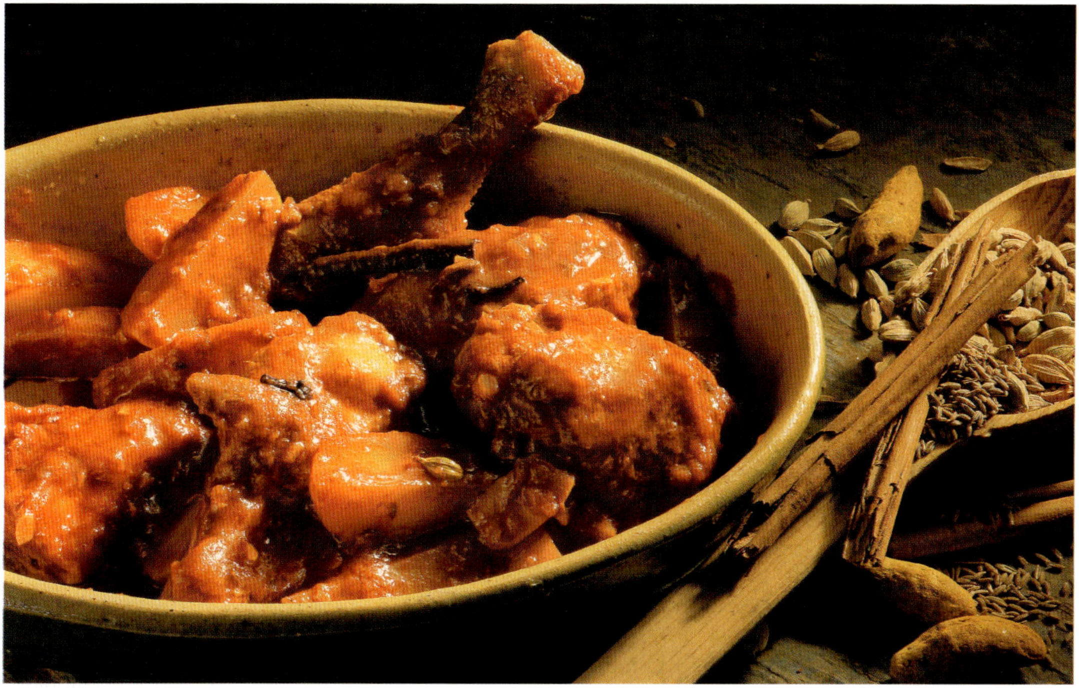

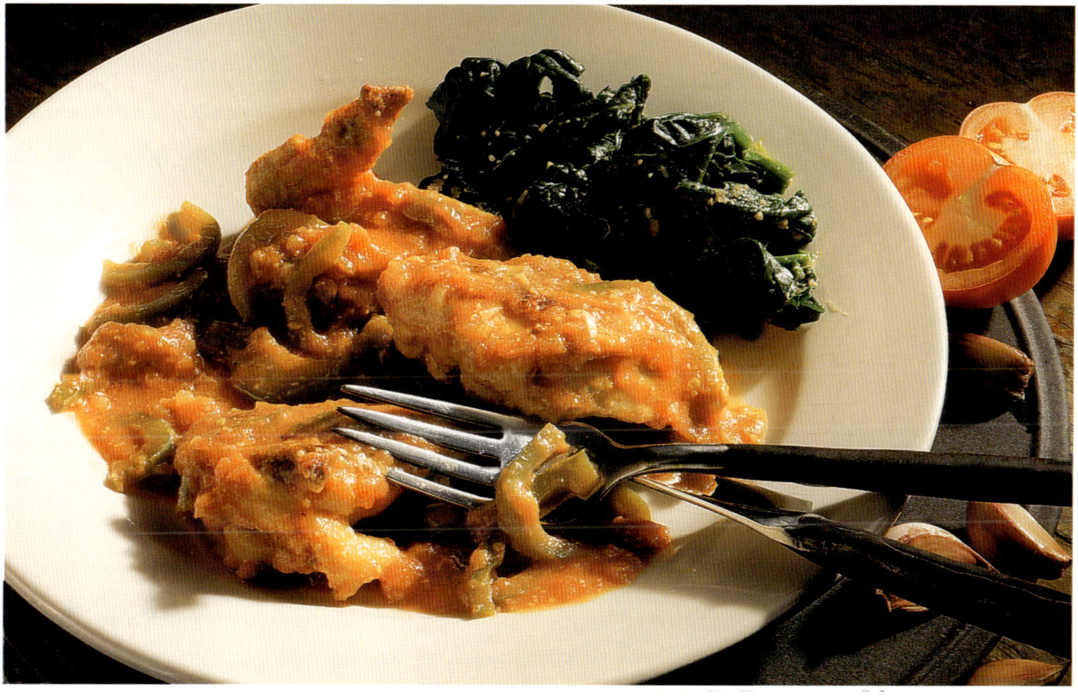

Huhn mit Aubergine und Okra

Nkatse Nkwan

Zutaten für 4–6 Personen:
1 Brathähnchen von etwa 1,2 kg
1 1/2 Zwiebeln
1 Stück frischer Ingwer, etwa haselnußgroß
2 große Tomaten
1 Teel. Öl
2 Teel. Tomatenmark
2 Eßl. Erdnußbutter
2 Teel. Salz
1 Teel. Cayennepfeffer
1 dünne Aubergine
80 g Okraschoten

Aus Ghana • Exotisch

Bei 6 Personen pro Portion etwa: 1100 kJ/260 kcal
34 g Eiweiß · 11 g Fett
5 g Kohlenhydrate

• Zubereitungszeit: etwa 1 Stunde

1. Das Huhn in kleine Stücke schneiden und waschen. 1/2 Zwiebel und den Ingwer schälen und zusammen mit dem Huhn in einen Topf geben. 300 ml Wasser dazugeben und alles bei mittlerer Hitze kochen lassen.

2. Inzwischen die ganze Zwiebel schälen und kleinschneiden. Die Tomaten waschen und ohne die Stielansätze kleinschneiden. Das Öl in einem großen Topf erhitzen. Das Tomatenmark, die Zwiebel und die Tomaten dazugeben und alles etwa 5 Minuten dünsten.

3. Die Hähnchenteile aus dem Topf nehmen und mit etwa der Hälfte der Brühe zu den Tomaten geben. Die Erdnußbutter, Salz und Pfeffer unter Rühren dazugeben und alles bei mittlerer Hitze kochen lassen.

4. Die Aubergine schälen und in Scheiben schneiden. Die Okras in dünne Scheiben schneiden. Beides zum Huhn geben, durchrühren und alles bei mittlerer Hitze etwa 25 Minuten garen. Bei Bedarf mehr Brühe dazugeben.

Hähnchen in Tomatensauce

Moambe

Zutaten für 4–6 Personen:
1 Brathähnchen von etwa 1,2 kg
1 Teel. Salz
1/2 Teel. Cayennepfeffer
1 Zwiebel · 1 Eßl. Butter
Muskatnuß, frisch gerieben
120 g passierte Tomaten (Fertigprodukt)
6–8 Eßl. Erdnußbutter

Nationalgericht aus dem Kongo

Bei 6 Personen pro Portion etwa: 1400 kJ/780 kcal
82 g Eiweiß · 45 g Fett
12 g Kohlenhydrate

• Zubereitungszeit: etwa 1 1/4 Stunden

1. Das Huhn in Stücke schneiden, waschen und mit dem Salz und dem Cayennepfeffer gut würzen. In einen großen Topf geben, knapp mit Wasser bedecken und zum Kochen bringen. Bei mittlerer Hitze etwa 30 Minuten kochen lassen.

2. Die Zwiebel schälen und kleinschneiden. Die Butter in einer großen Pfanne schmelzen lassen. Die Zwiebel darin goldbraun braten.

3. Muskat und die Tomaten dazugeben und bei mittlerer Hitze etwa 5 Minuten garen. Das Huhn aus der Brühe nehmen, in die Pfanne legen und zugedeckt etwa 5 Minuten kochen lassen.

4. Die Erdnußbutter dazurühren und alles etwa 10 Minuten kochen lassen. Mit Reis servieren.

Im Bild vorne:
Hähnchen in Tomatensauce
Im Bild hinten:
Huhn mit Aubergine und Okra

Kokos-Mandel-Huhn

Murghi Curry

Zutaten für 4–6 Personen:
1 Brathähnchen von etwa 1,2 kg
1/2 Chilischote · 2 Knoblauchzehen
1 Stück frischer Ingwer, etwa hasel-
nußgroß
3 EßI. Kokosflocken
5 EßI. gemahlene Mandeln
1 Teel. Cayennepfeffer
1/4 Teel. Safran oder Kurkuma
Salz · 2 Zwiebeln
3 EßI. Butter · 4 EßI. Öl
200 g Joghurt
1 1/2 EßI. Zitronensaft
1/2 Zitrone
1 1/2 EßI. Mandelsplitter

Aus dem südlichen Afrika

Bei 6 Personen pro Portion
etwa: 1800 kJ/430 kcal
35 g Eiweiß · 28 g Fett
8 g Kohlenhydrate

• Zubereitungszeit: etwa
  2 Stunden (davon 1 Stunde
  Backzeit)

1. Das Huhn zerkleinern und gut waschen. Die Chillie ganz fein hacken. Den Knoblauch und den Ingwer schälen, zerquetschen und mit Chillie, Kokosflocken, Mandeln, Cayennepfeffer, Safran oder Kurkuma und Salz vermischen.

2. Die Zwiebeln schälen und kleinschneiden. Butter und Öl in einem Topf erhitzen. Zwiebeln goldbraun und weich braten. Dann herausnehmen,

die Öl-Butter beiseite stellen. Die Zwiebeln zerdrücken.

3. Die Gewürzmischung, die Zwiebeln, den Joghurt und den Zitronensaft gut mischen. Die Hühnerteile in eine ofenfeste Form legen, den Joghurt darüber gießen und das Fleisch mindestens 30 Minuten marinieren.

4. Den Backofen auf 175° vorheizen. Die Öl-Butter über dem Fleisch verteilen. Die Zitrone schälen, in Scheiben schneiden und darauf legen.

5. Die Form zugedeckt in den Backofen (Mitte, Umluft 160°) stellen und alles etwa 1 Stunde backen. Für die letzten 10 Minuten den Deckel abnehmen und die Mandelsplitter überstreuen.

Hähnchen-Frucht-Curry

Chicken Fruit Curry

Wählen Sie das Obst nach Geschmack und Saison.

Zutaten für 4–6 Personen:
1 Brathähnchen von etwa 1,2 kg
2 Teel. Öl · 1 Teel. Butter
1 kleine Zwiebel
3 gehäufte Teel. Currypulver
1/2 Apfel
50 g Aprikosen
35 g Erdnußkerne
50 g Rosinen · 1 Teel. Salz
3 Teel. Essig oder Zitronensaft

Aus Südafrika

Bei 6 Personen pro Portion
etwa: 1200 kJ/290 kcal
33 g Eiweiß · 14 g Fett
9 g Kohlenhydrate

• Zubereitungszeit: etwa
  1 Stunde

1. Das Huhn in kleine Stücke schneiden, waschen und gut trockentupfen. Das Öl und die Butter in einem Topf erhitzen. Die Hühnerteile hineinlegen und bei mittlerer Hitze von allen Seiten gut bräunen lassen. Die Stücke aus dem Topf nehmen und beiseite legen.

2. Die Zwiebel schälen, kleinschneiden und in den Topf geben. Unter Rühren leicht bräunen lassen. Das Currypulver dazugeben und gut verrühren. Das Fleisch wieder hinzufügen und 3–5 Minuten braten. Mehrmals wenden.

3. Den Apfel und die Aprikosen waschen, putzen und kleinschneiden. Die Erdnüsse grob mahlen. Den Apfel, die Aprikosen, die Rosinen, das Salz, den Essig oder Zitronensaft und die Erdnüsse zum Fleisch geben. Mit Wasser bedecken. Bei mittlerer Hitze zugedeckt etwa 30 Minuten kochen lassen. Mit Reis servieren.

Im Bild vorne:
Hähnchen-Frucht-Curry
Im Bild hinten: Kokos-Mandel-Huhn

Lamm-Reis-Topf

Jollof

Dieses Gericht ist überall in West-Afrika in vielen Varianten sehr beliebt.

Zutaten für 4 Personen:

3 große Tomaten

2 Teel. Tomatenmark

2 Zwiebeln · 4 Eßl. Öl

2 Knoblauchzehen

500 g Lammfleisch (Keule oder Schulter)

1 Chilischote oder 1/2 Teel. Cayennepfeffer

Salz · Pfeffer, frisch gemahlen

50 g beliebiges Gemüse (beispielsweise Kürbis, Zucchini)

300 g Reis

Aus Mali

Pro Portion etwa:
2600 kJ/620 kcal
30 g Eiweiß · 32 g Fett
54 g Kohlenhydrate

• Zubereitungszeit: etwa
  1 Stunde

1. Die Tomaten kurz in kochendes Wasser halten, häuten und mit einer Gabel gut zerdrücken, dabei die Stielansätze entfernen. Mit dem Tomatenmark in einer Schüssel gut mischen und beiseite stellen.

2. 1 Zwiebel schälen und in Scheiben schneiden. In einer Pfanne etwas Öl erhitzen und die Zwiebelringe darin goldbraun braten, abkühlen lassen.

3. Die zweite Zwiebel und den Knoblauch schälen und kleinschneiden. Das Lammfleisch in daumendicke Würfel schneiden. Das restliche Öl in einem schweren Topf erhitzen. Die Zwiebel darin unter Rühren goldbraun braten. Knoblauch und Fleisch hinzufügen. Das Fleisch bei starker Hitze von allen Seiten braun braten.

4. Die Tomaten dazurühren, die Hitze reduzieren. Die Zwiebelringe mit der Chilischote ganz fein hacken, mit Salz, Pfeffer und etwa 1/4 l Wasser unter Rühren zum Fleisch geben. Das Gemüse putzen, kleinschneiden und dazugeben. Gut verrühren und bei schwacher Hitze etwa 45 Minuten garen. Inzwischen den Reis in Salzwasser garen und dazu servieren.

Lamm-Bohnen-Curry

Kerrienboontjes

Zutaten für 6 Personen:

1 kg Lammschulter

3 Zwiebeln

2–3 Teel. Öl

Salz

Pfeffer, frisch gemahlen

2 Knoblauchzehen

1 grüne Chilischote

1 Teel. Currypulver

1 kg Bohnenkerne (aus der Dose)

1 Teel. Zitronensaft

Aus Südafrika

Pro Portion etwa:
1075 kJ/260 kcal
37 g Eiweiß · 8 g Fett
9 g Kohlenhydrate

• Zubereitungszeit: etwa
  45 Minuten

1. Das Fleisch kleinschneiden. Die Zwiebeln schälen und kleinschneiden. Das Öl in einem schweren Topf erhitzen. Die Zwiebeln darin goldbraun braten. Das Fleisch dazugeben und anbraten, dabei gelegentlich rühren. Salzen, pfeffern und bei schwacher Hitze etwa 20 Minuten garen, dabei nach und nach insgesamt 300 ml Wasser angießen.

2. Den Knoblauch schälen und mit der Chillie ganz fein hacken. Mit dem Currypulver unter das Fleisch rühren, noch etwa 10 Minuten garen. Die Bohnen etwa 15 Minuten vor dem Servieren in den Topf geben. Gut unterrühren. Das Curry in eine Schüssel füllen und mit Zitronensaft beträufeln. Mit Reis oder Salzkartoffeln servieren.

Im Bild vorne: Lamm-Bohnen-Curry
Im Bild hinten: Lamm-Reis-Topf

Bohnen-Fleisch-Päckchen

Moi Moi

Zutaten für 5 Stück:
250 g Schwarzaugenbohnen
1 Zwiebel
170 g Corned beef
1 kleine Tomate
1 Teel. schwarzer Pfeffer, frisch gemahlen
1 Teel. Paprikapulver, rosenscharf
1 Prise frischer Thymian
1 Prise mildes Currypulver
200 g passierte Tomaten (Fertig-produkt)
5 Eßl. Öl
1 1/2 Eßl. Fleischbrühe (Instant)
Salz
1 hartgekochtes Ei

Aus Nigeria
Braucht etwas Zeit

Pro Stück etwa:
1295 kJ/310 kcal
20 g Eiweiß · 9 g Fett
27 g Kohlenhydrate

- Quellzeit: 4–5 Stunden
- Vorbereitungszeit: etwa 1 Stunde
- Garzeit: 1 1/2 –2 Stunden

1. Die Bohnen mit Wasser bedeckt 4–5 Stunden einweichen. Dann abgießen und die Bohnen zwischen den Händen reiben, um die äußere Haut zu entfernen. Mehrmals mit frischem Wasser wiederholen.

2. Die Zwiebel schälen, kleinschneiden und mit den Bohnen und 150 ml Wasser pürieren. Die Masse in eine breite Schüssel geben. Das Corned beef kleinschneiden. Die Tomate waschen und ohne den Stielansatz klein würfeln. Alle Zutaten bis auf das Ei einzeln in die Schüssel mischen.

3. In einem sehr breiten Topf einige Fingerbreit Wasser erhitzen. 5 Stück Alufolie (je etwa 20 x 20 cm) ausbreiten und die Masse darin verteilen. Das Ei schälen, in fünf Stücke schneiden und auf der Masse verteilen. Die Folienstücke zusammenfalten.

4. Die Taschen ins kochende Wasser legen. Sie sollen nicht mit Wasser bedeckt sein. Den Topf mit Alufolie und Deckel schließen. Bei schwacher Hitze 1 1/2–2 Stunden köcheln lassen. Mit Beefstew (Seite 43) servieren.

Würziges Rindfleisch

Beefstew

Zutaten für 4 Personen:
250 g Rindfleisch (beispielsweise
Hochrippe oder Schulter)
1 Zwiebel
2 kleine Tomaten
2 Teel. Rinderbrühe (Instant)
3 EßI. Öl
1 Teel. scharfes Currypulver
5 EßI. passierte Tomaten (Fertig-
produkt)
3 EßI. Tomatenmark

Aus Nigeria

Pro Portion etwa:
750 kJ/180 kcal
14 g Eiweiß · 12 g Fett
5 g Kohlenhydrate

• Zubereitungszeit: etwa
  1 Stunde

1. Das Rindfleisch in Würfel schneiden. Die Zwiebel schälen. 1 Tomate waschen. Beides kleinschneiden. Das Fleisch, die Hälfte der Zwiebel, die Tomate und 1 Teelöffel Brühe in einen Topf geben. 1/4 l Wasser dazugeben und zum Kochen bringen. Bei mittlerer Hitze etwa 30 Minuten kochen lassen.

2. Das Öl in einem anderen Topf erhitzen. Die restliche Zwiebel darin bräunen. Die zweite Tomate waschen und ohne Stielansatz kleinschneiden. Das Curry, übrige Brühe, die Tomate, die passierten Tomaten und das Tomatenmark in den zweiten Topf geben. Alles gut durchmischen.

3. Das Fleisch aus der Brühe nehmen. Die Brühe zur Tomatensauce gießen. Gut durchmischen und etwa 10 Minuten kochen lassen.

4. Anschließend das Fleisch dazugeben und bei mittlerer Hitze weitere 10 Minuten garen. Mit Bohnen-Fleisch-Päckchen servieren.

Lamm-Kürbis-Eintopf

Pumpkin Bredie

Zutaten für 6–8 Personen:
1 kg frischer Kürbis
1,4–1,8 kg Lammschulter
4 Zwiebeln · 1 Chilischote
2 Teel. Öl · Salz
Pfeffer, frisch gemahlen
1 Prise Zimtpulver
1 Prise Muskatnuß, frisch gerieben
1 Teel. Zucker
1 Lorbeerblatt
1 Stück Schale einer unbehandelten Orange

Aus Südafrika

Bei 8 Personen pro Portion
etwa: 1250 kJ/300 kcal
57 g Eiweiß · 9 g Fett
50 g Kohlenhydrate

• Zubereitungszeit: etwa
1 1/2 Stunden (davon
1 Stunde Garzeit)

1. Den Kürbis schälen, entkernen und würfeln. Das Fleisch, die Zwiebeln und die Chillie kleinschneiden. Das Öl in einem Topf erhitzen. Das Fleisch darin unter Wenden gut bräunen lassen. Dann herausnehmen und beiseite legen.

2. Die Zwiebeln und die Chillie in den Topf geben und etwa 5 Minuten dünsten. Das Fleisch wieder dazugeben. Den Kürbis mit den restlichen Zutaten und 1/4 l Wasser dazugeben. Den Eintopf bei mittlerer Hitze etwa 1 Stunde kochen lassen. Mit Reis servieren.

Reisfleisch mit Lamm

Skudahkharis

Zutaten für 4 Personen:
500 g Lammschulter
1 Zwiebel
2 Tomaten
8 Eßl. Öl
1 Knoblauchzehe
2 Zweige Petersilie
1 Teel. Kreuzkümmel
3 Gewürznelken
1 Teel. Zimtpulver
3 Kardamomsamen
Salz
85 g Tomatenmark
200 g Reis

Aus Somalia • Raffiniert

Pro Portion etwa:
2000 kJ/480 kcal
31 g Eiweiß · 22 g Fett
42 g Kohlenhydrate

• Zubereitungszeit: etwa
1 Stunde

1. Das Fleisch klein würfeln. Die Zwiebel schälen und würfeln. Die Tomaten waschen und ohne die Stielansätze kleinschneiden. Das Öl in einem großen Topf erhitzen. Das Fleisch dazugeben und braun braten. Die Zwiebel hinzufügen und alles bei mittlerer Hitze etwa 5 Minuten unter Rühren braten. Tomaten dazugeben.

2. Den Knoblauch schälen. Die Petersilie waschen und fein hacken, beides mit allen Gewürzen im Mörser fein zerstoßen. Mit etwas Wasser verdünnen und zusammen mit dem Tomatenmark und dem Reis unter das Fleisch rühren. Etwa 1 l Wasser aufkochen lassen, dazugeben und gut verrühren.

3. Das Reisfleisch zudecken und bei mittlerer Hitze etwa 30 Minuten kochen lassen, bis der Reis gar ist.

Im Bild vorne: Reisfleisch mit Lamm
Im Bild hinten: Lamm-Kürbis-Eintopf

Fleischfladen

Comboflatcake

Zutaten für 4 Personen:
3 Kartoffeln
3 Möhren
250 g Corned beef
60 g Weizenmehl
2 Eßl. Zucker
Salz
1 Teel. Currypulver
1/2 Teel. Zimtpulver
1 Teel. Backpulver
1 Ei
1/8 l Milch
4 Eßl. Öl

**Aus Tansania
Preiswert**

Pro Portion etwa:
1400 kJ/330 kcal
20 g Eiweiß · 15 g Fett
32 g Kohlenhydrate

• Zubereitungszeit: etwa
  30 Minuten

1. Die Kartoffeln und die Möhren schälen und fein raspeln. Das Corned beef fein schneiden, mit den Kartoffeln und Möhren in einer Schüssel mischen. Das Mehl, den Zucker, Salz, das Currypulver, den Zimt und das Backpulver gut mischen und über die Masse sieben.

2. Das Ei und die Milch dazugeben und gut verrühren. Die Hälfte des Öls in einer Pfanne erhitzen. Die Fleischmasse zu 8–10 Fladen formen, portionsweise ins Öl geben und mit einem Holzlöffel leicht flachdrücken.

3. Die Pfanne zudecken und die Küchlein bei mittlerer Hitze in etwa 5 Minuten braun braten. Wenden und auf der anderen Seite braten. Den ganzen Teig so verarbeiten, dabei das restliche Öl in die Pfanne geben.

Rindfleisch-Maniok-Eintopf

Muhogo Tamu

Zutaten für 6 Personen:
Salz · 450 g Maniok
700 g Rindfleisch (zum Beispiel Bug, Schulter oder Brust)
4 Eßl. Erdnußöl (oder anderes Öl)
1 kleine Zwiebel
2 Tomaten
1 Teel. Kurkuma
Pfeffer, frisch gemahlen
1/2 Chilischote
3 Eßl. Koriandergrün, frisch gehackt
1/4 l Kokosmilch (frisch oder aus der Dose)

Aus Ost-Afrika • Würzig

Pro Portion etwa:
1100 kJ/260 kcal
26 g Eiweiß · 11 g Fett
18 g Kohlenhydrate

• Zubereitungszeit: etwa
  2 Stunden (davon
  1 Stunde Garzeit)

1. Einen mittelgroßen Topf mit Wasser füllen, mit etwas Salz zum Kochen bringen. Die Maniok schälen, waschen und in daumendicke Würfel schneiden. Die Würfel in den Topf geben und etwa 10 Minuten kochen lassen. Abgießen und beiseite stellen.

2. Das Fleisch in Würfel schneiden. Das Öl in einem schweren Topf erhitzen. Die Fleischwürfel darin gleichmäßig braun braten.

3. Die Zwiebel schälen und kleinschneiden. Die Tomaten waschen und ohne die Stielansätze kleinschneiden. Das Fleisch aus dem Topf nehmen und auf Küchenpapier legen. Die Zwiebel in den Topf geben. Unter Rühren goldbraun braten. Das Kurkuma dazugeben und unter Rühren bei schwacher Hitze etwa 2 Minuten braten.

4. Das Fleisch wieder in den Topf geben, salzen und pfeffern. Die Tomaten und etwa 1/4 l Wasser dazugeben und gut mischen. Bei mittlerer bis starker Hitze zum Kochen bringen. Bei schwacher Hitze und halb zugedeckt etwa 1 Stunde garen.

5. Die Chillie kleinschneiden, mit dem Koriandergrün und der Kokosmilch mischen und in den Topf gießen. Die Maniokwürfel dazugeben und gut mischen. Halb zugedeckt und bei mittlerer Hitze noch 10–15 Minuten garen.

*Im Bild vorne: Fleischfladen
Im Bild hinten:
Rindfleisch-Maniok-Eintopf*

Stockfisch mit Okra und Spinat

Sauce aux Feuilles de Patates Douces

Original wird der Fisch mit Süßkartoffelblättern statt Spinat zubereitet.

Zutaten für 4 Personen:
500 g Stockfisch
2 kleine Zwiebeln
2 Knoblauchzehen
2 Tomaten
2 Chilischoten oder 1 Teel. Cayennepfeffer
4 Eßl. Tomatenmark
2 Eßl. Öl
200 g Okraschoten
1/2 Teel. Muskatnuß, gerieben
200 g Spinat

Aus Burkina Faso
Scharf

Pro Portion etwa:
2100 kJ/500 kcal
98 g Eiweiß · 8 g Fett
8 g Kohlenhydrate

- Einweichzeit: 2–3 Tage
- Zubereitungszeit: etwa
  1 1/2 Stunden

1. Den Fisch 2–3 Tage wässern, dabei kühl stellen und das Wasser täglich erneuern. Dann den Fisch häuten und mit einer Pinzette die Gräten entfernen. Den Fisch in Stücke schneiden.

2. Die Zwiebeln und den Knoblauch schälen und kleinschneiden. Die Tomaten waschen und ohne die Stielansätze kleinschneiden. Die Chilischoten halbieren. Zwiebel, Knoblauch, Tomaten, Tomatenmark und Chilischoten oder Cayennepfeffer glatt mixen.

3. Öl in einem schweren Topf erhitzen. Tomatenmasse dazugeben und bei mittlerer Hitze schmoren. Okras putzen, kleinschneiden und unterrühren. So viel heißes Wasser dazugeben, daß alles leicht bedeckt ist. Fisch und Muskat dazugeben und bei mittlerer Hitze etwa 30 Minuten kochen lassen.

4. Den Spinat gut waschen, von den Stielen knipsen und grob hacken. Am Ende der Garzeit in den Eintopf geben und in etwa 5 Minuten zusammenfallen lassen.

Avocado mit Räucherfisch

Paya ani nsumunamu

Zutaten für 4 Personen:
4 Eier
250 g Räucherfisch (zum Beispiel Makrele, Forelle oder Bückling)
4 Eßl. Milch
1/4 Teel. Zucker · 1/2 Teel. Salz
4 Eßl. Zitronensaft
5 Eßl. Öl · 2 Eßl. Olivenöl
1 kleine rote Paprikaschote
2 reife große Avocados

Aus Ghana
Fürs kalte Buffet

Pro Portion etwa:
2500 kJ/600 kcal
21 g Eiweiß · 54 g Fett
3 g Kohlenhydrate

- Zubereitungszeit:
  15–20 Minuten

1. Die Eier in etwa 10 Minuten hart kochen. Inzwischen den Fisch von Haut und Gräten befreien und kleinschneiden. Die Eier schälen und halbieren. Die Eigelbe von den Eiweißen trennen und mit der Milch in eine tiefe Schüssel geben, zu einer glatten Paste verrühren.

2. Den Zucker, das Salz und 1 Eßlöffel Zitronensaft dazugeben. Beide Öle löffelweise unterrühren.

3. Die Eiweiße kleinschneiden und zusammen mit dem Fisch zu den Eigelben geben. Alles gut, aber vorsichtig mischen. Die Paprikaschote waschen, putzen und kleinschneiden.

4. Kurz vor dem Servieren die Avocados halbieren, entkernen und mit der Fischmasse füllen. Mit der Paprika garnieren. Den restlichen Zitronensaft nach Geschmack am Tisch dazugeben.

Im Bild vorne:
Avocado mit Räucherfisch
Im Bild hinten:
Stockfisch mit Okra und Spinat

Überbackener Fisch

Samaki ya kuoka

Zutaten für 2 Personen:
800 g küchenfertiger Fisch (beispielsweise 2 Schollen)
3 große Zwiebeln
2 Teel. Öl
3 Knoblauchzehen
4 Tomaten
120 ml Essig
1 Teel. Cayennepfeffer
1/2 Teel. Kardamom, gemahlen
1/2 Teel. Kreuzkümmel
Salz

Aus Kenia

Pro Portion etwa:
1800 kJ/430 kcal
72 g Eiweiß · 6 g Fett
20 g Kohlenhydrate

- Zubereitungszeit: etwa
  45 Minuten

1. Den Backofen auf 175° vorheizen. Den Fisch abspülen, trockentupfen und in einen Bräter legen.

2. Die Zwiebeln schälen und kleinschneiden. Das Öl erhitzen. Die Zwiebeln darin glasig braten. Über dem Fisch verteilen.

3. Den Knoblauch schälen. Die Tomaten waschen und ohne die Stielansätze würfeln. Knoblauch, Tomaten und Essig pürieren und mit Cayennepfeffer, Kardamom, Kreuzkümmel und Salz würzen. Über den Fisch gießen.

Den Bräter zudecken und den Fisch im Ofen (Mitte, Umluft 160°) etwa 30 Minuten backen. Mit Reis servieren.

Gratinierter Stockfisch

Bacalhau Gomes Sa

Dieses Gericht stammt aus der Zeit, als Portugal Kolonialmacht in Angola war.

Zutaten für 6 Personen:
1 kg Stockfisch
3 Lorbeerblätter
6 Kartoffeln · 3 Eier
2 Zwiebeln
2 Knoblauchzehen
4 Eßl. Olivenöl
schwarzer Pfeffer, frisch gemahlen
1/4 Teel. frischer Oregano
1 kleine grüne Paprikaschote
3 Zweige Petersilie
12 grüne entsteinte Oliven

Aus Angola

Pro Portion etwa:
3180 kJ/760 kcal
136 g Eiweiß · 17 g Fett
19 g Kohlenhydrate

- Einweichzeit: 2–3 Tage
- Zubereitungszeit: etwa
  1 Stunde

1. Den Fisch 2–3 Tage in Wasser einweichen, dabei kalt stellen und das Wasser täglich wechseln. Dann den Fisch häuten und die Gräten entfernen. Mit den Lorbeerblättern und frischem Wasser in einen Topf geben. Etwa

20 Minuten bei mittlerer Hitze ziehen lassen.

2. Inzwischen die Kartoffeln schälen, eventuell halbieren, in einen Topf geben, mit Wasser bedecken und bei mittlerer Hitze etwa 15 Minuten kochen lassen (nicht zu weich werden lassen). Gleichzeitig die Eier hart kochen. Die Kartoffeln in mittelgroße Stücke schneiden. Die Eier schälen und in Scheiben schneiden.

3. Zwiebeln und Knoblauch schälen und kleinschneiden. Das Öl in einem feuerfesten schweren Topf erhitzen. Zwiebeln etwa 5 Minuten dünsten. Knoblauch, Pfeffer und Oregano hinzufügen. Die Paprika waschen, putzen und in Stücke schneiden. Die Petersilie waschen und hacken.

4. Den Backofen auf 175° vorheizen. Den Fisch vorsichtig aus der Brühe heben und zu den Zwiebeln geben. Die Kartoffeln, die Paprika und die Petersilie hinzufügen. Bei mittlerer Hitze aufkochen lassen. Eventuell etwas Brühe dazugeben.

5. Mit den Eierscheiben und den Oliven garnieren. Im Backofen (Mitte, Umluft 160°) etwa 30 Minuten backen.

Im Bild vorne:
Gratinierter Stockfisch
Im Bild hinten: Überbackener Fisch

Fisch auf Tomatenbett

Ekyenanda ekibisi

In Afrika wird ein ganzer Fisch für dieses Gericht genommen. »Red Snapper« (im Bild) oder Kaiserbarsch eignen sich besonders dafür.

Zutaten für 4–6 Personen:
2 Zwiebeln · 4 Eßl. Öl
1 Knoblauchzehe
3 Tomaten
Salz
1/4 Teel. schwarzer Pfeffer, frisch gemahlen
1 Fisch von etwa 1 kg (vom Fischhändler schuppen und ausnehmen lassen)

Aus Uganda
Etwas teurer

Bei 6 Personen pro Portion etwa: 780 kJ/190 kcal
28 g Eiweiß · 7 g Fett
3 g Kohlenhydrate

- Zubereitungszeit: etwa 35 Minuten

1. Die Zwiebeln schälen und kleinschneiden. Das Öl in einer breiten Pfanne erhitzen. Die Zwiebeln darin glasig dünsten.

2. Den Knoblauch schälen und kleinschneiden. Die Tomaten waschen und ohne die Stielansätze kleinschneiden. Den Knoblauch, die Tomaten, Salz und Pfeffer in die Pfanne geben. Etwas warmes Wasser angießen und verrühren.

3. Den Fisch innen und außen salzen und pfeffern, mitten auf die Tomatenmischung legen und zugedeckt bei schwacher Hitze etwa 25 Minuten kochen lassen. Mit Reis oder Kochbananen servieren.

Gepökelter Fisch

Ingelegde Vis

Sklaven aus holländischen Gebieten in Ostindien haben ihre kulinarischen Gewohnheiten und Spezialitäten ins südliche Afrika mitgebracht. Auch wenn gepökelter Fisch keine große ernährungsphysiologische Bedeutung mehr hat wie in der Zeit vor der Kühltechnik, ist er immer noch beliebt. Der Seehecht eignet sich gut, ist aber teuer und muß vorbestellt werden. So können Sie auch jeden anderen fleischigen, relativ festen Fisch verwenden (im Bild ein Juwelenbarsch). Das Gericht wird 2 Tage vor dem Essen zubereitet.

Zutaten für 2 Personen:
450 g Fisch
2 Eßl. Mehl
4 Zwiebeln
1/4 l Weißweinessig
1 Teel. Kurkuma
2 Teel. Currypulver
1 Teel. Pfefferkörner
2 Lorbeerblätter
2 Teel. brauner Zucker

Aus Südafrika

Pro Portion etwa:
1180 kJ/285 kcal
42 g Eiweiß · 5 g Fett
20 g Kohlenhydrate

- Zubereitungszeit: etwa 1 1/4 Stunden (davon 1 Stunde Backzeit)
- Zeit zum Durchziehen: 2 Tage

1. Den Backofen auf 175° vorheizen. Den Fisch kalt abspülen und mit Küchenpapier trockentupfen. Im Mehl wenden.

2. Die Zwiebeln schälen und in Scheiben schneiden. Die Scheiben in eine ofenfeste Form als Bett legen. Den Fisch obenauf legen.

3. Die restlichen Zutaten mischen und über den Fisch und die Zwiebeln gießen. Mit einem dicht schließenden Deckel oder dicker Alufolie zudecken und im Backofen (Mitte, Umluft 160°) etwa 1 Stunde backen.

4. Den Fisch herausnehmen und abkühlen lassen. 2 Tage in den Kühlschrank stellen und erst dann servieren.

Im Bild vorne: Gepökelter Fisch
Im Bild hinten:
Fisch auf Tomatenbett

Gebratener Fisch

Kamongo/Monye

Zutaten für 4 Personen:
1 küchenfertiger Fisch von etwa
1 kg (hier Lachs)
Salz
120 g Weizenmehl
1/4 l neutrales Öl
3 Eier
1 Teel. Kurkuma
1 Zwiebel

Aus Kenia

Pro Portion etwa:
2300 kJ/550 kcal
40 g Eiweiß · 38 g Fett
15 g Kohlenhydrate

• Zubereitungszeit: etwa
  1 Stunde

1. Den Fisch längs durchschneiden und gut putzen. Kopf, Schwanz und Flossen entfernen und die Filets von der Haut schneiden.

2. Den Fisch in gleich große Stücke schneiden. Die Stücke gut waschen und mit Küchenpapier trockentupfen. Die Stücke leicht salzen.

3. Das Mehl auf einen breiten Teller geben. Die Fischstücke darin wenden, das Mehl gut einreiben und den Fisch so trocknen lassen.

4. Das Öl in eine Pfanne geben und erhitzen, bis an einem Holzstäbchen, das Sie hineinhalten, Bläschen hochsteigen. Die Eier in eine Schüssel geben und aufschlagen. Das Kurkuma und etwas Salz dazugeben und verrühren.

5. Die Fischstücke einzeln in die Eiermischung tauchen und darin wenden.

6. Vorsichtig so viele Stücke in die Pfanne geben, daß keines über einem anderen liegt. Bei mittlerer Hitze fritieren, bis die untere Seite goldbraun ist. Die Stücke wenden und die andere Seite genauso braten. Dann die Hitze reduzieren.

7. Die Pfanne zudecken und den Fisch etwa 10 Minuten garen. Die Zwiebel schälen, in Ringe schneiden und in einer anderen Pfanne mit etwas Öl goldbraun braten.

8. Den Fisch vom Herd nehmen und anrichten. Mit den gebratenen Zwiebelscheiben garnieren. Mit Bratkartoffeln und Erdnußsauce servieren.

Varianten:
Mischen Sie zusätzlich zum Kurkuma noch etwas Currypulver unter die Eier. Geröstete, gemahlene Erdnüsse, in das Bratfett gerührt, verleihen dem Fisch einen speziellen Geschmack.

Info:
Im afrikanischen Originalrezept wird Lungenfisch gebraten. Er gehört zur Familie der Buntbarsche und hier zur Gattung *Tilapia*. Sie werden in größerem Stil in den Gewässern der Dritten Welt gezüchtet und dort als Speisefisch von mittlerer Qualität verwendet. Bei uns sind sie nicht erhältlich, deshalb empfehlen wir jeden Fisch mit festem Fleisch.

Couscous mit Makrele

Couscous

Zutaten für 4 Personen:
3 1/2 Eßl. Butter
1 Zwiebel · 2 große Tomaten
1 Teel. indisches Currypulver
1/2 Teel. Paprikapulver, edelsüß
1 Teel. Gemüsebrühe (Instant)
100 g Tomatenmark
100 g geräucherte Makrele
100 g Spinat
250 g Couscous

Aus Nigeria

Pro Portion etwa:
1600 kJ/380 kcal
13 g Eiweiß · 15 g Fett
50 g Kohlenhydrate

• Zubereitungszeit: etwa
30 Minuten

1. 2 1/2 Eßlöffel Butter in einem Topf bei mittlerer Hitze schmelzen lassen. Die Zwiebel schälen, würfeln und darin glasig braten.

2. Die Tomaten brühen, häuten, ohne die Stielansätze kleinschneiden und mit Curry, Paprika und Brühe vermischen.

3. Etwa 375 ml Wasser und das Tomatenmark unterrühren. Die Makrele häuten, entgräten, mittelklein schneiden und hinzufügen, 10–15 Minuten garen.

4. Den Spinat gut waschen und ohne die Stiele kleinschneiden. Mit der übrigen Butter dazugeben.

5. Den Couscous und 100 ml warmes Wasser untermischen und bei starker Hitze 3–4 Minuten kochen lassen. Vom Herd nehmen und 5–10 Minuten ruhen lassen.

Gemüse-Fisch-Eintopf

Ndole-Bitterleaf

Zutaten für 4 Personen:
400 g Ndole (siehe Tip!) · Salz
75 g Erdnußkerne
400 g Räucherfisch (zum Beispiel Makrele)
1 Zwiebel · 2 Knoblauchzehen
2 Tomaten
2 Eßl. neutrales Öl
80 g gegarte und geschälte Garnelen

Aus Kamerun

Pro Portion etwa:
1755 kJ/465 kcal
32 g Eiweiß · 29 g Fett
6 g Kohlenhydrate

• Zubereitungszeit: etwa
50 Minuten

1. Einen mittelgroßen Topf mit Wasser füllen, dieses zum Kochen bringen. Die Ndoleblätter und etwas Salz dazugeben. Etwa 5 Minuten kochen lassen. Abgießen und mit frischem Wasser noch mal etwa 5 Minuten kochen lassen. In einem Sieb kalt abbrausen, dann noch ausdrücken.

2. Die Erdnüsse fein mahlen. Den Fisch häuten und entgräten, in Stücke schneiden. Gleichzeitig die Zwiebel und den Knoblauch schälen und kleinschneiden. Die Tomaten brühen, häuten und ohne die Stielansätze würfeln.

3. Das Öl in einem Topf erhitzen. Zwiebeln und Knoblauch darin unter Rühren goldbraun braten. Die Garnelen und die Tomaten dazurühren. Die Erdnußpaste mit 2 Eßlöffeln heißem Wasser verrühren und unterrühren. Etwa 5 Minuten bei mittlerer Hitze garen.

4. Den Fisch und die Ndoleblätter dazugeben und gut mischen. Noch kurz durchziehen lassen. Mit Reis, Kochbananen oder Yamswurzel servieren.

Tips!

Ndoleblätter sind bitter. Gutes Vorkochen, Waschen und Salzen sind wichtig, um die Bitterkeit zu verdrängen. Ersetzen können Sie Ndole durch Spinat oder Kopfsalat. Beides geben Sie vorblanchiert und grob gehackt in den letzten 5 Minuten zum Eintopf. Statt Erdnüssen können Sie Sojasauce verwenden.

Im Bild vorne:
Couscous mit Makrele
Im Bild hinten:
Gemüse-Fisch-Eintopf

SALATE

Gemüse-Eier-Salat

»Mealie Meal« Salad

Zutaten für 4 Personen:
180 g Maismehl
2 Möhren · 2 Eier
1 Zwiebel · 2 kleine Tomaten
Salz
1 Teel. schwarzer Pfeffer, frisch gemahlen
1 Prise Cayennepfeffer
Für die Schüssel: Öl

Aus Lesotho

Pro Portion etwa:
820 kJ/200 kcal
7 g Eiweiß · 5 g Fett
31 g Kohlenhydrate

- Zubereitungszeit: etwa 35 Minuten
- Kühlzeit: 1 Stunde

1. Etwa 1 l Wasser zum Kochen bringen. Das Maismehl hineinrühren und etwa 5 Minuten unter Rühren bei mittlerer Hitze kochen lassen. Abkühlen lassen.

2. Die Möhren waschen, schälen, in Scheiben schneiden und in wenig Wasser bei mittlerer Hitze in etwa 15 Minuten bißfest garen. Gleichzeitig die Eier hart kochen.

3. Die Zwiebel schälen, die Tomaten waschen. Die Eier schälen und mit den Zwiebeln und Tomaten kleinschneiden. In die Maismehlpaste rühren. Gut mit Salz, Pfeffer und Cayennepfeffer würzen. Eine Schüssel leicht ölen und die

Mischung hineingeben, andrücken. Kühl stellen, dann aus der Schüssel stürzen. Mit Kopfsalat servieren. In Afrika ißt man dazu Mayonnaise.

Auberginen-Erdnußsalat

Biringani na karanga

Zutaten für 4–6 Personen:
2 Auberginen · Salz
3–4 Eßl. Olivenöl
80 g Erdnußkerne
1 Knoblauchzehe
3 Eßl. Zitronensaft
1/2 Teel. Pfeffer, frisch gemahlen

Aus Sudan

Bei 6 Personen pro Portion etwa: 610 kJ/150 kcal
5 g Eiweiß · 12 g Fett
5 g Kohlenhydrate

- Zubereitungszeit: etwa 30 Minuten

1. Die Auberginen schälen und würfeln. Mit Salz bestreuen und etwa 10 Minuten stehenlassen. Dann die Auberginen leicht ausdrücken.

2. Das Öl in einem schweren Topf erhitzen. Die Auberginen dazugeben und bei mittlerer Hitze goldbraun braten.

3. Die Erdnüsse grob mahlen. Den Knoblauch schälen und pressen. Erdnüsse, Knoblauch, Zitronensaft und Pfeffer in einer Schüssel gut mischen. Auberginen unterrühren. Im Kühlschrank kalt stellen.

Fruchtsalat

Fruit Salad

Zutaten für 4–6 Personen:
2–3 Mangos · 2 reife Bananen
1 große Tomate · 1 kleine Ananas
2 Eßl. Zitronensaft · 2 Eßl. Zucker
etwas Kokosfleisch nach Belieben

Aus Nigeria

Bei 6 Personen pro Portion etwa: 830 kJ/200 kcal
2 g Eiweiß · 1 g Fett
47 g Kohlenhydrate

- Zubereitungszeit: etwa 15 Minuten
- Kühlzeit: 1 Stunde

1. Mangos schälen und in kleinen Würfeln vom Kern schneiden. Bananen schälen und in Scheiben schneiden. Tomate waschen und ohne Stielansatz und Kerne würfeln. Ananas schälen und in Würfel schneiden.

2. Alle Früchte in einer großen Schüssel mischen.

3. Zitronensaft, Zucker und etwa 1/8 l Wasser mischen. Die Sauce über die Früchte gießen. Die Schüssel zudecken und für etwa 1 Stunde in den Kühlschrank stellen. Vor dem Servieren noch mal vorsichtig mischen. Mit Kokosfleisch garnieren.

Im Bild vorne:
Auberginen-Erdnußsalat
Im Bild Mitte: Gemüse-Eier-Salat
Im Bild hinten: Fruchtsalat

Linsensalat

Yemiser Selatta

In Äthiopien wird Linsensalat traditionell während der Fastenzeit entweder allein oder mit äthiopischem Injera-Brot serviert.

Zutaten für 4 Personen:
250 g Linsen
3 Teel. Rotweinessig
2 Teel. Öl · 1 Teel. Salz
1/4 Teel. schwarzer Pfeffer, frisch gemahlen
8 Schalotten
1 grüne Chilischote

Aus Äthiopien

Pro Portion etwa:
980 kJ/230 kcal
15 g Eiweiß · 3 g Fett
33 g Kohlenhydrate

- Zubereitungszeit: etwa 50 Minuten
- Marinierzeit: 30 Minuten

1. Die Linsen in einem Sieb unter kaltem Wasser abbrausen. In einen Topf 1/2 l Salzwasser zum Kochen bringen. Die Linsen dazugeben. Den Topf halb zudecken. Die Linsen bei mittlerer Hitze in 25–30 Minuten (je nach Linsenart) garen. Abgießen, unter kaltem Leitungswasser abkühlen und abtropfen lassen. Beiseite stellen.

2. Den Essig, das Öl, das Salz und den Pfeffer in eine Schüssel geben. Aufschlagen, bis alles gut gemischt ist. Die Schalotten schälen und längs durchschneiden. Die Chillie vorsichtig entkernen und kleinschneiden. Die Schalotten, die Chillie und die Linsen in der Schüssel gut mit der Marinade verrühren.

3. Den Salat bei Zimmertemperatur etwa 30 Minuten marinieren. Gelegentlich vorsichtig umrühren.

Rote-Bete-Salat

Rooibeet Slaai

Zutaten für 4 Personen:
250 g g rote Bete (aus dem Glas)
1 kleine Zwiebel
1 Teel. Zucker · 1/2 Teel. Salz
2 Teel. Essig

Aus Südafrika
Gelingt leicht

Pro Portion etwa:
130 kJ/30 kcal
1 g Eiweiß · 0 g Fett
6 g Kohlenhydrate

- Zubereitungszeit: etwa 15 Minuten
- Marinierzeit: 30 Minuten

1. Die roten Beten in Würfel schneiden. Die Zwiebel schälen und kleinschneiden. Alles in einer Schüssel gut mischen.

2. Den Zucker und das Salz im Essig verrühren. Über die roten Beten gießen und noch mal gut mischen. Etwa 30 Minuten ziehen lassen. Kalt servieren.

Gurken-Chillie-Salat

Komkommer chili slaai

Zutaten für 4 Personen:
2 Salatgurken
1 rote Chilischote
1 Teel. Salz
3 Teel. Rotweinessig
1 Teel. Zucker

Aus Südafrika • Schnell

Pro Portion etwa:
150 kJ/35 kcal
1 g Eiweiß · 0 g Fett
7 g Kohlenhydrate

- Zubereitungszeit: etwa 10 Minuten

1. Die Gurken schälen und in dünne Scheiben schneiden. Die Chillie kleinschneiden. Die Chillie, Salz, den Essig, den Zucker in eine Schüssel geben.

2. Die Gurken dazugeben. Vorsichtig mischen. Sofort servieren.

Im Bild vorne: Gurken-Chillie-Salat
Im Bild hinten links: Linsensalat
Im Bild hinten rechts:
Rote-Bete-Salat

Zum Gebrauch

Damit Sie Rezepte mit bestimmten Zutaten noch schneller finden können, stehen in diesem Register zusätzlich auch beliebte Zutaten wie Kochbananen und Hähnchen – ebenfalls alphabetisch geordnet und halbfett gedruckt – über den entsprechenden Rezepten.

IMPRESSUM

Auf der Umschlagvorderseite sehen Sie Lamm-Kürbis-Eintopf von Seite 44.

Redaktion: Adelheid Schmidt-Thomé, Christine Wehling
Layout: Ludwig Kaiser
Typografie: Robert Gigler
Herstellung: Renate Hausdorf
Fotos: Odette Teubner, Robert Schmidt-Thomé (Seite 4 und 5), Gerhard Witt (Seite 6, 8 und 9), Christine Wehling (Seite 7)
Umschlaggestaltung: Heinz Kraxenberger
Satz: Computersatz Wirth, Regensburg
Reproduktion: Imago
Druck und Bindung: Kaufmann, Lahr
ISBN 3-7742-2572-9

Auflage 5. 4. 3. 2. 1.
Jahr 2000 99 98 97 96

G. Charles Mbalyohere ist in Uganda aufgewachsen. Er studierte in Berlin Lebensmitteltechnologie. Aus seinem eigenen Interesse an der afrikanischen Küche und aus Anstößen im Bekanntenkreis ist als erste Aufgabe nach dem Studium dieses Kochbuch entstanden. Ihm liegt sehr am Herzen, die kulinarische und die lebensmitteltechnologische Seite der afrikanischen Kochkunst bekanntzumachen.

Odette Teubner wurde durch ihren Vater, den international bekannten Food-Fotografen Christian Teubner, ausgebildet. Heute arbeitet sie ausschließlich im Studio für Lebensmittelfotografie Teubner. In ihrer Freizeit ist sie begeisterte Kinderporträtistin – mit dem eigenen Sohn als Modell.